사회복지상담과 일상의 치유

사회복지상담과 일상의 치유

최선화

KNOWLEDGE COMMUNITY 공동체

|들어가며|

30년 넘게 사회복지 실천기술과 치료분야를 가르쳤고 실천현장에서도 10년 넘게 일했다. 그러면서 느낀 안타까움은 문제가 더 악화되기 전에 예방하고 막을 수 있는 처방전이 우선적으로 필요하다는 것이었다. 그리고 특별한 문제나 어려움은 없다손 쳐도 스스로의 성장과 성숙을 돕기 위한 자료들이 제공될 수 있다면 좋겠다는 생각이 들었다.

도전에 직면한 사람들과 이야기를 나누면서 느낀 점 중 하나는 사람들이 어려움을 겪는 몇 가지 유형이 있다는 것이다. 예를 들면, 서로에 대한 잘못된 기대, 혼자만의 생각 속에 갇혀 지내는 것, 해결되지 못한 성장과정에서의 상처 등등을 들 수 있다. 더구나 많은 어려움들은 상대를 탓하기 전에 당사자들이 먼저 변화될 필요가 있다는 것이다. 상담과 치료의 핵심도 결국은 내가 변하는 것이며 상황은 변하지 않아도 그런 상황을 대하는 나의 태도가 변할 수 있다는 것이다. 따라서 암에 걸린 상황은 변하지 않는다 해도 이런 상황을 대처해 나가는 태도는 달라질 수 있는 것과 같다.

이런 의미에서 그동안의 상담경험들을 녹여서 조금이나마 도움이 될 수 있기를 바라는 마음으로 묶어보았다. 이 책은 그동안 가슴을 열고 나와 함께 인간적인 교류를 나누어 온 모두에게 보내는 작은 감사의 선물 같은 것이다. 서로 의지하고 손을 잡아주며 우리는 함께 성장했고 함께 치유 과정을 지나왔으며 앞으로도 함께 나아갈 것이다.

삶이라는 긴 여정에서 나누었던 무수한 이야기들을 간추려서 엮는다는 것이 도전이 되었다. 그래도 우리들의 이야기가 맺은 작은 열매들의 소중함을 알기에 함부로 버리고 싶지 않았다. 내 가슴에 오롯이 남아 있는 모두의 숨결과 눈물 그리고 함박웃음과 넋두리들이 내 삶과 세상이라는 뜰에 피어난 귀한 꽃이고 열매들이다.

때로는 힘들고 더러는 숨 막히는 순간들이 있었다 해도 그래도 살 만한 가치가 있었으며 나름 행복한 순간들이었다. 나의 뜰을 채워준 모두에게 감사드린다. 우리들의 이야기는 이어질 것이며 더 많은 지혜와 영감 그리고 서로와 이웃에 대한 애정과 너그러움으로 채워질 것이다.

삶이라는 기회와 함께한 축복에 더 없는 감사를 드리며...

2019년 12월
달맞이 언덕에서
최선화

| 차례 |

들어가며 _ 005

1장 일상의 치유

일상의 치유 013
생활 속의 도 018
기대라는 멍에 023
조건 달기 027
내가 만든 감옥 031
불안은 숙명이다 035
미망에서 벗어나기 040
다들 잘 사는데 045
판단을 멈추고 050
순수함의 유지 055
말의 품격 060

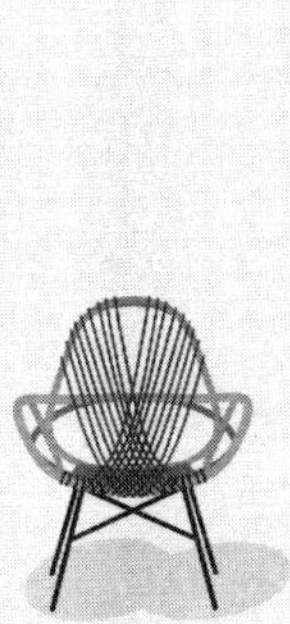

2장 행복할 권리

행복할 권리 067
휴가 070
문화가 주는 치유 075
소박한 삶 080
손가락의 교훈 084
반전의 선물 088
평온한 일상 091
장마 속의 하루 095
봄 친구 099
종착지를 바라보며 104
굴레를 벗고서 108
태산목 꽃 113
사라지는 것들 117

3장 어른 아이

어른 아이 123
내 속의 어린아이 127
우는 아이 132
노인과 아이 136
초등학교 동창회 141
치유의 밥상 147
인정 욕구 153
나잇값 158
이 나이에는 163
고향의 봄 167

4장 실천을 통한 배움

백조의 노래 173
이가라는 사람 177
발효기술 182
실천을 통한 배움 186
김치볶음밥 191
아버지의 사랑 196
이런 것 몰라 199

5장 여성과 치유

여성과 치유 205
눈물보따리 선물보따리 209
딸이라는 이유로 217
J에게 221
냉정과 열정 227
야요이와 호박 233
바그다드 카페 237
도우미 아주머니 242
여성복지 수업 261
가정폭력 265
파경 박물관 269
희망 274
모스타르의 상처 278
내 마음의 성소 283

1장

일상의 치유

일상의 치유

주변을 둘러보면 대부분의 사람들이 별일 없이 일상의 삶을 잘 유지해 나가는 것처럼 보인다. 그런데도 가슴을 터놓고 이야기하다 보면 이런저런 일로 가슴앓이를 하고 있거나 속에 고민을 담고 있는 사람들이 많다. 그런데 이렇게 어려움을 겪고 있는 사연들을 들어보면 그리 심각하지 않은 것들이 대부분이고 약간의 교정에 의해서 처리될 수 있는 일들이다. 더 나아가서는 가벼운 자극과 반성적 성찰을 통해서 스스로 해결해 나갈 수 있거나 필요하다면 상담이나 교육을 통해서 털어버리기도 한다. 그래서 프로이드식의 무의식에 대한 심각한 접근과 중장기적 개입보다는 단기개입과 교육으로 벗어날 수 있고 생각이나 태도의 수정을 통해서 성장해 나가게 된다.

지금과 같이 정보가 넘치는 시대에도 어떤 상황이나 어려움에 직면하게 되면 당사자들은 적절한 해결 방법을 몰라 고민하거나 필요한 지식 또는 기술을 알지 못해서 어려움을 가중시키기도 한다. 따라서 사회복지상담은 심각한 심리 치료적 개입이 필요한 경우보다는 단기적인 개입과 조정 또는 교육을 통해서 자아성찰과 이해로 행동의 변화가 일어남으로써 삶의 질이 달라질 수 있도록 돕고 있다.

이렇게 사회복지상담이 전문가에 의한 단기적 개입이라면 일상의 치유는 공식적인 치료적 개입이나 상담 이전에 예방적이고 성장적인 측면에서 일상의 생활과정을 통해서 자연스럽게 배워나가는 것을 말한다. 사람은 살아가면서 자연스럽게 성장과정을 겪게 된다. 이런 자연적인 성숙에 더해서 배우려는 태도와 깨어있는 자세를 가짐으로써 일상의 상호작용 속에서 자각과 반성, 더 나아가서 통찰을 얻고 성숙을 촉진시킬 수 있다. 이렇게 되면 복잡하게 얽힌 인간관계의 치유와 회복은 물론이고 삶의 의미와 가치도 발견해 나갈 수 있게 될 것이다.

일상의 치유는 이런 일상적 상호작용을 통한 배움이나 성장과 관련된다. 이런 식의 치유는 명상이나 성찰을 통해서, 아니면 친구나 가까운 사람과의 대화 또는 좋아하는 글을 통해서, 우연히 지나치는 어린아이의 해맑은 웃음을 통해서도 일어날 수 있다. 그 방법과 수단이 무엇이든 간에 우리의 일상에 윤기를 더해주고 힘과 용기를 주며 여유와 신선한 자극을 줄 수 있다면 다 좋다. 더 나아가서 삶의 의미와 가치를 찾아내고 지구촌과 우주공동체에서 삶의 궁극적 의미를 찾을 수 있도록 돕는다면 더 바랄 게 없다.

지금 우리 사회는 물질적 풍요에도 불구하고 사회적인 불안도와 심리적 피로도가 높으며 각 개인들은 미해결 과제를 가슴에 안고 불안해 하며 스트레스를 받고 있는 사람들도 많다. 더 나아가서는 실존적인 의문과 화두를 지니고서 자신의 궁극적 의미와 가치를 찾아 헤매는 사람들도 있다. 지금 당장 어려움이 없다 해도 삶의 가치와 의미를 찾아가려는 노력은 살아 있는 생명체에게는 피할 수 없는 과제가 되고 있다.

이런 목마름과 갈증을 해결해 보려 해도 지식이 보편화되고 정보가 공유되는 시대임에도 불구하고 정작 우리 삶에 영양가와 품격을 더해줄 수 있는 내용보다는 혼란을 가중시키고 미혹시키려는 잡음으로 가득하다. 그러기에 더 분별력이 요구되며 각자 가슴의 소리에 귀 기울여야 한다. 쓰레기더미 속에서도 보석을 찾아내고 내 삶을 정갈하게 다듬어 갈 수 있는 혜안과 삶의 중심을 지켜나가려는 자세가 요구된다.

일상의 치유는 이런 의미에서 소음과 정신적 공해가 횡행하는 저잣거리를 벗어나서 조용히 스스로의 가슴을 들여다보며 매 일상의 순간들을 성찰과 새로운 배움으로 채워나가며 지금 여기에서 충만한 삶을 누리고자 하는 것이다. 인간에게 주어진 삶이라는 기회가 어쩌다 주어진 우연이 아니라 지금 여기에서

이 시대에 이루어야 할 과업이 있으며 우주적 과업 안에서 '나'라는 작은 생명체가 해내야 할 몫이 있을 것이다. 그러기에 내 삶이 진정한 의미와 가치를 지니게 되며 순수한 사랑과 선을 실천할 수 있게 된다.

많은 사람들이 선한 의도와 타인의 고통을 덜어주고자 하는 진정성으로 사회복지와 상담에 입문하고 진정으로 사랑과 자비를 펼치고자 하는 마음 가득하다. 그럼에도 불구하고 하루하루 부딪히는 상황은 그저 그런 사소한 일거리에 지나지 않거나 너무 심각하고 무거운 일로 혼자의 힘으로는 감당키 어려운 좌절 속에서 힘겨워하고 있다. 우리 모두의 가슴 속에 오롯이 남아 있는 선하고 맑은 정신과 열망을 생활 속에서 이루기 위해서는 자신의 내면을 정직하게 응시하며 하나하나 점검해 나가려는 열린 자세가 요구된다.

일상의 치유와 상담은 이런 시각과 자세로 주어진 책임을 다하고 삶의 가치를 찾아가는 여행을 이어가며 매 순간을 소중한 배움과 성장의 기회로 활용하고자 한다. 이렇게 개인적이고 내적인 성찰과 성숙은 바로 우리와 함께하는 모두에게 영향을 미치며 그 나비효과는 진정으로 우리가 원하던 선한 영향력으로 이어져 더 나은 삶과 세상으로 바꾸어 가는 데 일조할 것이다.

해바라기는 해를 보며 따라간다. 그러나 구름이 가리거나 흐린 날에는 서로 마주 보며 에너지를 나눈다. 우리도 그와 같다. 어려움에 처하게 되면 서로를 통해서 배우고 힘을 얻는다. 그러기에 여기에 나오는 이야기들은 바로 우리들의 이야기다. 그래서 서로를 통해서 함께 배우며 같이 성장해 나간다.

이런 의도에서 그동안 상담한 내용들을 통합해서 주제별로 엮어보았다. 요즘은 개인정보보호와 관련해서 엄격한 비밀보장이 이루어지고 있으며 개별 사례를 공개적으로 다루는 것도 어렵게 되었고 또 진부한 면도 있다. 그래서 본인이 직접 다루고 먼저 경험한 상담과 치료를 내담자의 심리적 치료와 함께 사회복지사와 상담자 모두의 자기성장이라는 측면에서 통합적으로 다루어 보았다. 일상의 치유는 특정 전문가만이 아니라 일상의 삶을 살아가는 우리 모두의 성숙과 성장을 위한 도구로 활용될 수 있을 것이다.

생활 속의 도

사람들은 도, 진리 그리고 사랑이라고 하면 거창한 무엇이나 아직 알지 못하는 엄청난 무엇으로 생각하기 쉽다. 물론 그런 고차원의 도와 진리가 있을 것이다. 그러나 지금 내가 말하는 것은 알지 못하는 고매하고 모호한 무엇이 아니라 지금 우리가 이미 알고 있는 것, 알지만 외면하고 있거나 실천하지 않는 가치를 말한다. 더 높은 차원의 원대한 진리를 알기 위해서도 지금 이미 알고 있는 진리와 사랑을 직접 실천해야 한다. 그렇게 되면 더 심오한 진리도 이해하기 쉬워질 것이다.

대학에서 시험감독을 하다가 시험지에서 본 질문이 생각난다. '체육과 학생들에게 도는 무엇인가? 그리고 진리란 무엇인가?'였다. 아주 흥미로운 시험이라 여겨져 학생들이 제출한 답지를 보았다. 잘 모르겠다는 학생들도 더러 있었지만 학생들이 쓴 답은 자신에게 주어진 일에 충실한 것, 신체의 가능성을 믿는 것, 유능함을 드러내는 것 등이었다. 나중에 알아보니 그 시험은 동양철학 교양강좌 시험으로 체육학과 학생들을 대상으로 한 시험이었다. 기회가 되면 담당교수를 만나보고 싶다는 생각을 했는데 기회가 없었다. 얼마 후 그분은 아쉽게도 우리 대학을 떠났다고 했다.

이처럼 지금 자신에게 도란 무엇인가? 진리란 무엇이며 사랑은 어떤 것인가? 라고 자문해 보며 생활 속에 순간순간 녹여낼 필요가 있다. 수업에 열중하지 못하고 딴전을 피우는 학생들을 보면서 자문해 본다. 지금 이 순간 진정한 스승의 모습은 어떤 것인가? 나에게 사랑과 진리란 어떤 것인가? 라는 질문을 던져 보며 답을 찾기 위해 노력했다. 버럭 화 내지 않는 것, 짜증 부리지 않는 것, 좋은 말로 주의를 주는 것, 여유롭고 너그럽게 넘기는 것 아니면 따끔하게 야단을 치는 것 중 하나이거나 모두가 다 맞을 수도 틀릴 수도 있을 것이다. 무조건 좋게만 넘어가는 것이 점잖고 좋은 태도가 아닐 수도 있다. 그 순간 그 학생에게 적절한 것이 무엇인지를 찾아내야 한다. 그것이 학생에 대한 사랑이며 내가 실천할 수 있는 그 순간의 도와 진실일 것이다. 내 기분대로 작은 권위나 권력을 휘두르는 것이 아니라 내가 먼저 스스로의 감정에서 벗어나서 마음의 평정을 회복하고서 학생에게 적절하고 효과적인 바른 접근법으로 행동해야 한다.

매 순간 이렇게 깨어 있는 것이 어렵고 피곤하기에 대충 넘겨 버리며 놓치는 경우도 많다. 그래서 그런 무관심한 태도가 진정한 스승의 태도인지 반성해 보게 된다. 여기에 대한 답은 다른 사람이 대신해 줄 수 있는 것이 아니며 판단할 수도 없다. 지금 여기에 머무르며 이 순간의 진실이 무엇인지는 스스로 파악하고 실천해야 한다. 사실 이런 일이 피곤한 것 같지만 아주 신선한 경험이 되기도 했다. 그래서 지혜로운 태도와 성숙한 상호작용을 통한 진정한 만족감과 성취를 얻기도 한다. 미덕은 그 자체로 가치를 발하는 것처럼 진리와 사랑이 적절하게 표현되면 생각지도 못한 힘과 창조력이 나타난다. 그래서 더 집중하게 되고 더 실천하게 되는 추동력이 된다.

한번은 여러 해 동안 내 수업을 받은 학생에게 참다못해 크게 호통을 친 일이 있었다. 수업이 끝나고 나서도 내가 심했던 것 같은 자책감이 들기도 해서 마음이 편하지 않았다. 왜냐하면 그 순간 나의 개인적 감정이 섞여 있었다고 생각되었기 때문이다. 그런데 얼마 뒤 그 학생이 나를 찾아왔다. 그러면서 자신의 처지와 현재 상황을 털어 놓았다. 그 학생은 자신의 어려움을 말로는 차마 표현하지 못하고 온몸으로 도와달라는 신호를 보냈지만 아무도 응답하지 않았다고 한다. 모두가 너무 인내심이 강했고 점잖았던지 아니면 무관심했던 것이다. 그러다 인내심이 부족하고 성질 급한 내가 참지 못하고 정직하게 표현하며 학생을 자극했다. 내가 그렇게 강하게 이야기한 것이 학생에게는 관심과 애정으로 받아들여졌다고 한다. 그래서 용기를 내서 찾아 올 수 있었다고 했다. 학생의 상황은 의외로 심각했지만 다행히 우리는 정기적으로 만나 이야기를 나누며 상황을 다루어 나갈 수 있었다.

다른 사람에게 화내지 않고 부정적인 내용을 말하며 감정을 다스려 나가는 일은 쉽지 않다. 그렇다고 꼭 감정을 죽여야 하는 것이 만고의 진리일 수도 없다. 필요하다면 강하게 말하는 것도 좋을 것이다. 문제는 감정을 누그러뜨리느냐 아니냐가 아니라 그 순간의 진리와 진정한 사랑의 표현이 어떤 것이냐이다. 나의 고매한 인격을 드러내기 위해서 아니면 내가 얼마나 유능한 교수인가를 알리기 위해서가 아니라 그 순간의 진실과 흐름에 정확히 초점을 맞출 수 있는 능력과 분별력 그리고 민감성이 요구된다. 이렇게 작은 내 주변의 구체적인 일부터 실천해 나가다 보면 더 큰 일도 해낼 수 있지 않을까? 순간의 표현이 다 받아들여지지 못해도 괜찮다. 겉으로 드러나는 것보다 더 큰 일들이 속으로 진행되기도 한다. 이런저런 비판과 판단보다는 순간순간에 충실하려고 노력하는 태도와 자세가 더 중요하다.

나 같은 보통 사람에게 진리와 도는 이렇게 거창하고 원대한 무엇이기보다는 삶의 과정과 일상생활을 통해서 순간순간 부딪히고 일어나는 일들을 바르게 다루어 가며 이미 알고 있는 것을 실천해 나가는 것이다. 그러면서 더 큰 지성과 지혜를 받아들이기 위해 열려 있으며 삶의 균형감각을 유지하기 위해 노력하는 것이다. 어느 누가 진리를 다 알며 어느 누가 모든 것을 예측하고 미리 준비할 수 있겠는가? 아는 만큼의 실천이 더 큰 앎과 실천으로 이어질 것이다. 그러면서 순간순간 주어지는 삶과 범사에 감사하는 자세는 주어지는 축복을 누리게 할 뿐 아니라 더 큰 열림으로 나아갈 수 있게 만든다.

기대라는 멍에

개인적 고민과 어려움을 나누어 본 사람들 중 많은 수가 스스로 만든 기대 속에서 힘겨워하고 있다는 것을 알게 되었다. 죽을 것 같이 고통스러워 상담을 받으러 왔다고 하는 사람의 이야기를 가만히 들어보면 그렇게 고통을 가하는 것이 타인이나 외부적 사건이 아니라 바로 스스로 만든 생각이나 관념 또는 기대로 본인에게 스스로 가하는 고문이라는 사실을 알게 되는 경우가 많았다. 이렇게 되어야 하는데... 남편이나 자식이 이렇게 해주면 좋겠는데... 저렇게 해야 하는데 등등의 하소연을 하는 경우가 많았다. 자신이 만든 생각과 개념의 틀에 다른 사람, 특히 가족들이 맞춰주거나 들어맞지 않아서 스스로 고통을 당하면서도 그 원인을 상대방 탓으로 돌리고 있었다.

가족끼리 바람이나 원하는 바가 없을 수 없고 서로에게 거는 기대가 있기 마련이다. 그런데 가족이나 주변에서 그런 기대에 부응하지 못할 때 그것이 상대방만의 문제일까? 상대에게 물어보면 '내가 왜 그래야 하는데?'라고 반문할 것이다. 아니면 과도하거나 잘못된 기대라고 말할 것이다. 그렇다면 누가 먼저 바뀌어야 하는가? 부모로서, 부인으로서 당연한 기대 아니냐고 반문할 수도 있다. 그러나 상대가 감당하기에 벅찬 기대이거나 아니면 상대의 삶을 지배하고 억압하는 것이라면 가족이나 부모라고 해서 그런 기대에 부응해야 하는가? 이럴 경우 누가 문제인가?

흔히 자식 이기는 부모 없다고 한다. 왜 그럴까? 자식과 부모의 생각이나 판단에 차이가 있을 때 누구의 생각이 우선되어야 하는가? 부모는 자식을 위해서 최선을 다하려고 하지만 자식이 거부할 때 어떻게 해야 하는가? 부모는 자식의 삶을 대신 살아줄 수 있는가? 마지막까지 책임을 져야 하는 사람은 결국 본인 당사자 아닌가? 그래서 부모가 져 주는 것이 현명한 일이다. 남편이 이렇게 하기만 하면 되는데 왜 그러지 못한지 도저히 이해할 수 없다고 한다. 그건 부인 생각이지 남편 생각이 아니기 때문이다. 남편이 부인 말을 따라야만 한다고 여기지도 않는다. 그렇다면 서로가 정직한 대화를 통해서 이해하든지 아니면 중간의 접점을 찾든지 아니면 기대를 낮추든지 그래도 안 되면 상대를 그대로 수용하든지 그래도 정 안 되면 서로 각자의 길을 가든지 선택해야 한다. 남들은 다 하는 일을 내 남편, 내 자식만은 안 된다고 하소연하지만 바로 그런 사람이 내 남편이고 내 자식이라는 사실을 받아들여야 한다.

그래도 여러 번의 상담 끝에 스스로 변하는 것이 먼저라는 깨달음을 얻은 사람은 다행이다. 상담은 가족이나 타인을 위한 것이 아니라 바로 내가 어떻게 달라지고 바뀌어야 하는지를 깨달아 가는 과정이다. 그래서 내 생각의 오류가 무엇인지, 내가 고집하는 잘못된 생각과 태도가 무엇인지를 인정하고 수용하면 그 다음은 스스로 알아서 처리해 나갈 수 있게 된다. 본인이 느끼는 고통의 1차 책임자는 당사자 본인이며, 그 책임을 스스로 받아들이고 상대에 대한 원망을 거두어들일 때 변화가 시작될 수 있다.

나부터 변하는 것이 순서이며 아무리 사랑하는 자식과 가족일지라도 그들의 선택과 책임을 존중해야 한다. 그래야 내 책임은 내가 스스로 수용할 수 있게 된다. 한 어머니의 한숨 어린 하소연이 생각난다. 여러 번의 상담 후에 "그래요, 자식이 스스로 선택한 것이라면 받아들여야지요. 내가 할 수 있는 노력은 다 했으니 나는 내 마음이나 추슬러야지요. 내 마음 알아주고 달래줄 사람은 나밖에 없잖아요. 남편이나 가족이라 해도 내 마음 다 몰라요. 알 수가 없겠죠."

하나의 작은 예지만 가족에 대한 기대와 소망이라는 당연한 것 같지만 전혀 당연하지 않은 기대로부터 벗어나고서야 비로소 자식을 진정으로 도와주고 사랑하는 법을 알게 된 것이다. 지금까지는 자식을 사랑한다고 생각했지만 사실은 자신의 생각과 기대를 자녀에게 덧칠해 놓았던 것이다. 자식뿐만 아니라 다른 가족이나 어느 누구에게도 이런 잘못을 범할 수 있으며 스스로에게도 잘못된 억압이 쉽게 일어나고 있다. 이런 미혹과 오류로부터 벗어날 때 비로소 진정한 자기 자신으로 돌아올 수 있을 것이다. 그럼으로써 주변 사람들과의 관계에서도 그들을 나의 잣대로 심판하지 않음으로써 진정한 수용과 공감을 통한 인간적인 나눔을 이어갈 수 있을 것이다.

조건 달기

상담을 받으러 온 사람들에게 물어보았다. '뭐가 좀 변하면 편안해지고 살기가 더 나아질 수 있겠는가?'라고. 각자 나름의 조건들이 많았다. 남편이, 자식이, 시댁이 변하면 아니면 경제사정이 달라지면, 술을 끊으면 나아질 것이라고 했다. 그런데 문제는 그런 당사자들이 잘 변하지 않고 변할 의사가 없다는 것이며, 더 나아가서 그들도 상대방이 먼저 변하기를 바라고 있다는 것이다. 이렇게 서로에게 손가락질을 하고 있는 상황에서는 어떻게 해야 하나?

우선 상대를 향한 손가락은 둘이지만 나를 향하는 것은 셋이라는 사실을 주지할 필요가 있다. 먼저 내가 변해야 하는 것이다. 그리고 상대가 변하든 않든 간에 내가 그런 상황을 대처하는 방법이 달라져야 한다. 그래야만 그런 속에서도 내 삶을 품위 있고 나답게 살아갈 수 있을 것이다. 자기 옳음과 자기주장 속에서는 다른 사람에 대한 비난을 멈추기 힘들어진다. 타인에 대한 비난과 힐책은 결국 나를 힘들고 지치게 만들며 내 건강을 먼저 해치게 된다. 그렇다면 어떻게 해야 하나?

먼저 나를 돌보고 지켜나갈 수 있어야 할 것이다. 그 모든 상황에도 불구하고 나를 잘 유지하기 위한 길이 무엇인지를 먼저 찾아야 한다. 상대에 대한 비난과 질책을 멈추고 내가 할 일을 해 나가며 상대에게 시간과 공간을 허락함으로써 그들도 스스로를 돌아보고 반성하며 성장할 수 있는 기회를 열어주어야 한다.

이렇게 하면 본인이 손해 본다고 여기는 사람도 있으며, 상대의 잘못을 지적해 주고 가르치거나 응징하는 것이 사회 정의를 세우고 더 나은 사회를 만드는 길이라며 이 일에 사명감을 갖는 사람도 있다. 과연 그럴까? 이렇게 서로의 탓으로 돌리다가 결국 세계대전이 일어났고 평화를 위한 전쟁과 끝없는 분쟁이 지구상에 존재하는 것은 아닐까? 차라리 누구라도 먼저 자신이 해야 할 일을 하며 바른 본을 세우는 것이 더 바른 사회를 만들며 자신과 이웃에게 더 보탬이 되는 것은 아닐까?

그들을 꼭 내가 가르치고 응징하지 않아도 언젠가는 임자 만날 것이며 삶이 그들을 가르치게 될 것이다. 그런 배움을 얻지 못한다면 당사자들이 고통을 당하게 될 것이다. 그래도 배우지 못한다면 본인에게 불행한 일이 될 것이다. 그래서 어떤 상황에서나 아무 조건 없이 내가 할 일을 해 나가고 내 삶을 돌보는 것이 먼저 해야 할 일 아니겠는가? 복수하지 않고 스스로 행복하게 사는 것이 최고의 복수인 것처럼.

다른 사람이나 상황에 대해서 어떤 조건을 달기 시작하면 한도 없고 끝도 없다. 그 모든 상황과 조건에도 불구하고 내 삶을 유지할 수 있을 때, 다른 조건 속에서도 내 삶을 무탈하게 이어갈 수 있을 것이다. 그렇지 않다면 또 다른 조건을 원하고 바라기가 더 쉬워질 것이다. 내가 지금 행복할 수 없는 이유와 조건이 있다면 어떤 조건 속에도 나는 행복해지기 힘들 것이다. 지금, 그 지금이 어떤 상황이라도 지금 이곳에서 이대로 행복할 수 있다면 언제 어디서나 행복할 수 있을 것이다. 왜냐하면 내가 행복을 느끼는 것은 조건과 상황 때문이 아니기에.

여건이 좋다면 다행이겠지만 그렇지 못하다고 해도 스스로 만족하며 감사할 수 있어야 한다. 왜냐하면 내가 행복을 만들어 내기 때문이며 행복해지기로 마음먹었기 때문이다. 어떤 상황에서도 살아 있다는 사실만으로도 감사할 수 있으며 행복할 수 있다. 이산가족들이 수십 년 만에 만나서 하는 첫말은 살아줘서 고맙다는 말이었다. 어떻게 살았건 상관없이 그저 살아 있어서 고맙다는 말이 가슴 뭉클했다. 이와 비슷한 심정을 나도 가진 적이 있다. 부모님이 살아 돌아오시기만 한다면 좋겠다고 생각했다. 어떤 조건도 무엇도 필요 없다고 여겼다.

이런 극단적인 경우만이 아니라 일상에서도 서로의 존재에 대해서 좀 더 너그럽고 여유롭게 대하는 자세가 필요하다. 자식이 마음에 들고 자랑스러워서가 아니라 그냥 자식이기에 사랑하는 것이다. 젊은 나이에 마약에 빠져 집을 나가 노숙자가 되어 떠도는 아들에게 경찰관인 아버지는 살아만 있어라, 살아남기만 하라고 당부하는 모습이 가슴을 먹먹하게 했다. 조건과 이유를 달기 시작하면 마음에 드는 일이 없고 모자라지 않은 사람이나 여건이 없다. 그 모두에도 불구하고, 아니 그러기에 더 무조건 그리고 있는 그대로를 수용하고 받아들이며 살아가게 된다.

아들과의 마찰로 고민하던 부모가 우리 장애인복지관에서 봉사를 시작하고부터는 아들에 대한 불만이 사라졌다고 한다. 공부도, 무엇도 필요 없고 몸 하나 성하고 사지육신 멀쩡한 것만으로도 충분히 효자 노릇하고 있다는 것을 알게 되었다고 한다. 부모의 이런 조건 없는 사랑이라는 태도 변화가 결국 아들의 방황을 끝나게 하고 자신의 길을 찾아갈 수 있도록 허락한 것이다.

어떤 여건하에서나 내 삶은 내가 책임지며 어려움에 처할수록 더 큰 도전과 배움의 기회가 주어졌다는 것을 인식할 필요가 있다. 도전은 사람에게 용기와 생기를 불러일으키며 살아야 할 현실적이고 다급한 이유를 제공한다. 그래서 기회가 되고 삶의 담금질을 통해서 탄탄한 근육을 키워나가게 만든다. 그럼으로써 자기다운 삶과 자신이 원하고 선택한 삶을 이어나갈 수 있게 한다.

내가 만든 감옥

한때 미국에서 『분노의 춤(The Dance of Anger)』이라는 책이 유행한 적이 있다. 사람들이 하는 대부분의 상호작용이 분노에 기초해 있다는 것이다. 처음엔 수용하기 힘들었지만 조금 더 생각해 보고 관찰해 보니 일리가 있다는 것을 발견하고 놀란 적이 있다.

아무것도 아닌 부딪힘에도 벌컥 화부터 내고, 별것 아닌 일에도 소리부터 지르는 모습을 보면서 사람들 속이 분노로 채워진 것은 아닌가 하는 의심이 들었다. 왜들 이렇게 분노하고 있을까? 무슨 피해의식이 그렇게 많고 무슨 상처를 그렇게 많이 입었기에 툭 건드리기만 하면 튀어 나오도록 분노에 차 있는 걸까? 요즘은 더 나아가서 묻지마 살인까지 벌어지는 것을 보며 무엇을 향한 분노인가 하는 의구심이 들기도 한다.

특정인과 특정 상황을 향한 분노만이 아니기에 언제 어디서나 나타나며, 사람들이 만나서 하는 이야기의 대부분이 누가 어떤 어이없는 일을 저질렀고, 다른 사람이 잘못한 일에 자신이 피해를 당한 이야기들이다. 마치 하루하루 살아가는 일이 험난한 미로 속을 걷는 것 같이 위험하고 자칫하면 피해를 당할 수 있는 처지에 놓인 것 같다. 지금의 삶에 이런 사회적 위험이 많다는 것도 인정한다. 그러나 이런 속에서도 내가 어떤 태도를 취하는가에 따라서 상황이 달라질 수 있고 분노하거나 싸우지 않고 우아하게 대처할 수 있으며, 여유와 유머감각을 발휘할 수도 있을 것이다.

더구나 이렇게 희생자적 입장에서 분노하며 살 수만은 없을 것이다. 그렇다면 좀 더 지혜롭게 이런 상황을 다루어 나가며 당당하게 살아갈 수 있는 길은 무엇인가? 우선 이렇게 많은 분노가 존재하는 이유부터 살펴볼 필요가 있다. 분노는 깊이 파헤쳐 보면 상처에서 나온다는 것을 알 수 있다. 언젠가 무엇 또는 누구로부터 받은 상처가 치유되지 못하고 아픔과 멍울로 응어리져 있다. 그런데 여기서 유의할 점이 있는 것 같다.

만약 내가 즐겁고 행복하고 기분이 좋다면 누가 뭐라 해도 별로 신경 쓰지도 않을 것이며 내 감정을 폭발시키지도 않을 것이다. 그냥 웃어넘길 수도 있고 아니면 무시하고 넘어갈 수도 있을 것이다. 이런 측면에서 보면 누군가 또는 특정 사건이 핵심이

나 본질이 아니라는 것을 알 수 있다. 그런 상황 자체보다는 당사자의 상태가 어떤가가 더 직접적인 원인이라는 것을 알 수 있다. 그래서 같은 상황도 처한 사람에 따라 달라질 수 있으며 다르게 처리될 수 있게 된다.

그렇다면 엄청난 사회적 문제로 느껴지는 현상에 대한 해결의 실마리가 보인다. 내가 어떤 상태인가? 더 깊이 보면 내 안의 심리상태가 불안한가? 아니면 안정되고 평화로운가에 대한 질문으로 바뀔 수 있다. 더 나아가서 이런 자기 점검 속에서 답을 찾을 수 있을 것이다. 세상을 변화시키기 전에 내가 먼저 변해야 한다. 이렇게 변하기 위한 첫걸음이 자기 치유와 성장이다. 내 속에 아직도 응어리져 있는 상처나 분노가 남아 있는지 점검하고 털어버리는 일이 선행되어야 한다.

자신 속에 있는 상처의 많은 부분이 다른 사람의 미성숙한 태도에서 발생했다는 것을 알 수 있다. 그렇다면 그 사람에 대한 이해를 통해서 털어버리거나 용서함으로써 내가 그 사람 또는 그 일이라는 쇠사슬과 감옥으로부터 해방될 수 있다. 이렇게 용서하는 것은 그에 대한 연민과 이해에서 나오기도 하지만 내 삶에 대한 깊은 애정과 사랑에서 출발한다.

내 삶을 본래적 가치대로 살아가기 위해서 다른 걸림돌과 상처를 극복하고 털어버리게 된다. 그 사람에 얽매여 분노하기엔 내 삶이 너무 아깝다. 내가 자유롭기 위해서 그는 자신이도록 내버려 두게 되며 스스로 책임지게 하는 것이다. 그가 져야 할 책임을 내가 질 필요는 없다. 더구나 내 삶을 그로 인해 망가뜨릴 수는 더더욱 없는 것이다. 그러기에는 내가 너무 소중한 존재로 나 자신을 사랑하기에 그 무엇으로부터도 벗어나서 나 자신으로 살아야 한다. 이렇게 내가 소중하기에 다른 사람도 소중한 것이다. 서로가 다 소중한 존재라는 것을 아는 것에서부터 예의와 품위를 갖춘 상호작용을 나누게 되며 그럼으로써 모든 생명체가 다 소중한 세상이 만들어지는 것이다.

시인 구상은 '꽃자리'라는 시에서 '사람은 누구나 스스로의 굴레에서 벗어날 때 그제사 세상이 바로 보이고 삶의 기쁨과 보람을 맛 본다'고 했다.

그렇다면 내가 지은 감옥과 네가 만든 쇠사슬과 그가 엮은 동앗줄이 무엇인지 각자가 반성해 볼 일이다. 나는 내가 만든 내 감옥에 대한 책임을 져야 한다. 그럼으로써 그들이 만든 쇠사슬과 동앗줄은 그들이 끊어야 하는 것이다. 그 줄에 나마저 묶여 상처받고 분노할 이유가 없다. 더 나아가서 내가 내 감옥에서 벗어나는 것을 보고서 다른 사람들도 그들의 사슬로부터 벗어나는 길을 찾을 수 있을 것이다. 그래서 서로의 만남이 진정성을 가질 수 있을 것이다.

불안은 숙명이다

대부분의 사람들은 어느 정도의 불안감을 가지고도 별 문제 없이 살아간다. 문제는 이런 불안감에도 불구하고 일상의 삶을 이어갈 수 있느냐 없느냐에 달려 있다. 어떤 경우에는 불안감이 지나쳐서 일상생활을 이어가지 못하는 사람들도 있다. 소위 말하는 불안신경증을 가진 사람들이다. 어떤 특정한 경험이나 상황과 기억으로 인해서 불안도가 높은 사람들로, 소위 말하는 트라우마를 가진 경우라 할 수 있다.

모든 생명체에게 불안은 상존한다. 언제 다칠지 모르고 언제 목숨을 잃을지 모르기 때문이다. 이런 면에 관한 한 절대적으로 공평하고 어느 누구도 예외는 없다. 그래서 모두가 내일이나 다음 순간이 어떻게 될지 아무도 모른다. 그래서 똑같이 불안을 느낀다. 아무리 부자라고 해도, 권력이 있다 해도, 자녀들의 효성이 지극하다 해도 예외는 없다. 이 엄연한 질서는 누구도 무엇도 거스를 수 없는 인간의 실존적 숙명이다.

그렇다고 해서 이런 심리적 불안에 휩싸여 있다면 지금 주어진 삶도 살아갈 수 없게 될 것이다. 불안을 넘어서 주어진 순간 순간에 집중해야 하며 다음 일은 그때 걱정하기로 마음먹고 배짱을 가지기에 오늘 이 순간을 살아갈 수 있게 된다. 불안을 넘어서 살아가고 있을 뿐이다. 그리고 만약 어떤 사건이나 불행이 찾아오면 그때 생각하고 처리하면 된다고 믿고 살아간다.

우리 학생 중에는 군대에서 다쳐서 자신의 삶이 전혀 달라진 사람이 있다. 잘나가던 사람이 어느 날 닥친 불행으로 전혀 다른 길로 접어들게 된 것이다. 그런 불행을 겪고서도 여전히 삶을 유지하며 또 다른 길을 개척해 나가며 살아가게 된다는 사실이 스스로도 놀랍다고 했다. 젊은 사람들은 그들 나름대로 미래에 대한 불안이 매우 크다. 좋은 직업을 구할 수 있을지, 자신의 집을 살 수 있을 것인지 등등... 그러나 살다 보면 그럭저럭 살아내게 된다. 노인의 삶에도 많은 불안이 따른다. 언제 어떻게 죽음이 찾아올지, 병마가 덮칠지 모르며, 그 고통이 어떨지도 모르기에 예기불안이 높다. 그러나 중요한 것은 지금 아직은 괜찮다는 사실이다.

불안신경증환자와 건강한 사람의 차이는 그런 불안 때문에 지금을 살아가지 못하느냐, 그럼에도 불구하고 오늘을 온전히 살아갈 수 있느냐의 차이다. 가끔은 다른 일에 휩싸여 불안을 잊어버리기도 하지만 알고 있다고 해도 불안을 넘어서 지금을 살아갈 용기를 가질 수 있기에 살아가는 것이다. 내일 지구의 종말이 온다고 해도 오늘 한 그루의 사과나무를 심겠다는 마음, 그런 여유와 희망으로 오늘을 채워가며 살아가고 있다.

실존적 불안은 생각할수록 더 불안해지지만 삶에 대한 믿음을 가진다면 어떤 경우에도 자존감을 유지하며 살아갈 수 있게 된다. 지금과 같이 하루하루가 변하는 시대에는 불안도가 더 높다. 언제 어떤 파고가 닥칠지 모르며 경제적 불안만이 아니라 자연재해에 대한 불안까지 생각하면 안전이라는 단어를 붙일 곳이 없는 것 같다.

그러나 전쟁 중에도 살아냈고 그러기에 더 진한 인간애와 사랑을 일구어내며 살아왔다. 말없이 서 있는 내 방 창문 앞 소나무도 살아내기 위해서 온갖 어려움을 견디고 꿋꿋이 버티며 살아가고 있다. 그렇게 살아가야 하는 것이 숙명이기에, 삶에 대한 믿음을 유지하며 지금 주어진 축복을 누리며 살아가고 있다. 아메리카 인디언의 말처럼 불안과 두려움에 대처하는 현명한 방법은 불안을 느끼는 그것을 껴안고 두렵다고 느끼는 그 일을 하는 것이다. 우리의 삶을 껴안고 살아가는 것이다.

그런데 한편으로 생각해 보면 불안이 없고 모든 것이 보장된 삶은 어떨까? 얼마나 맥 빠지고 재미없을까? 인디언 보호구역에서의 인디언의 삶을 보면 알 수 있다. 마약이나 술에 취해서 빈

둥거리는 사람들을 보면 그들이 구태여 힘들게 살아내야 할 이유가 없는 것 같다. 그래서 불안은 피할 수 없는 것이기도 하지만 적당한 불안과 모험이 우리 삶을 더 활기차고 흥미롭게 만들어 준다. 불안감을 가지기에 안전하게 방어하고 조심할 수 있으며 상상력을 발휘해서 대안을 마련해 나가게 된다. 그래서 인간이 갖는 실존적 불안을 어떻게 바라보며 어떻게 다루느냐에 따라서 삶의 질이 달라진다. 피할 수 없다면 즐기는 것도 방법이다. 불안에 떨며 움츠리고 위축될 것이 아니라 지금 주어진 순간을 즐기며 누리는 것이다. 내일은 내일의 태양이 뜰 것이라는 사실을 믿고서.

어떤 이유로든 불안도가 높은 사람이 있다면 이들에게 안정감을 제공해 주는 사람이 필요하다. 아이가 울 때 부모는 '괜찮아, 괜찮아' 하고 달래며 아이를 안정시킨다. 어린 아이에게만이 아니라 어른아이에게도 이렇게 달래주고 감싸주며 진정시켜 주고 안정감을 제공해 주는 사람이 필요하다. 꼭 위기상황이 아니라 해도 위기개입에서 말하는 일상성을 회복할 수 있도록 돕는 것은 언제나 필요하다. 그래서 어려움에 처한 사람이 자신의 마음과 심경을 충분히 표현할 수 있도록 돕게 된다. 따라서 적극적 경청과 공감을 통해서 불안심리에서 벗어날 수 있도록 돕는 것이 좋은 방법이 되고 있다.

별일 없이 지나가는 일상생활 속에서도 많은 위기의 순간이 있고 심리적인 불안도가 고조되는 순간은 언제든지 찾아올 수 있다. 그럴 때 순간적으로 휘말리기보다는 자신의 감정을 추스르기 위해서는 심호흡이나 가벼운 산책 등이 좋은 방법이다. 그래도 혼자서 벗어나기 힘들다면 누군가 털어놓을 수 있는 사람을 찾아서 도움을 받는 것도 좋다. 사람은 그리고 모든 생명체는 기본적으로 살도록 만들어져 있다. 어른들 말씀처럼 산 생명은 어떻게든 살아간다.

미망에서 벗어나기

집집마다 빈방이나 창고에는 쓰다 만 물건, 고장 난 가재도구, 헌옷, 사다 모은 잡동사니 등등 온갖 것들이 먼지와 함께 세월의 무게만큼이나 가득 차 있다. 개중에는 쓸 만한 것들이 간혹 있기도 하지만 대부분은 애초에 다 버렸어야 할 쓰레기들이고 짐이다. 이와 비슷한 쓰레기들이 사람의 가슴과 머릿속 기억의 창고 속에도 쌓여 있다.

우리 기억의 저장고에는 본인이 직접 경험한 것뿐만 아니라 인류가 이 땅에서 살아오면서 겪어온 모든 기억들이 알게 모르게 켜켜이 쌓여 있어 우리도 모르게 조종당하는 경우도 많다. 그러다 보니 어떤 사람을 만나거나 상황에 직면했을 때 그 자체만을 온전하게 바라보고 다루기보다는 온갖 잡동사니에서 흘러

나온 기억들을 첨가해서 덧칠하거나 과장 또는 왜곡시키는 경우가 흔하다. 그중에서 두려움 또는 공포감을 불러일으키는 부정적인 요소들이 우리 삶에 장애가 되고 있다. 애초에 존재하지도 않는 위험들을 두려워하거나 과장해서 겁을 먹기도 하고 불안이나 공포심을 자아내기도 한다. 그러나 가만히 다시 생각해 보면 그런 생각이나 감정들은 명확한 근거가 없으며 상상 속에서 만든 허상 또는 자작극이라는 사실을 알게 된다.

만약 아침에 출근하면서 교통사고에 대한 두려움에 사로잡힌다면 집 밖으로 나올 수 없었을 것이다. 그렇다면 과연 집 안에서는 안전한가? 대들보가 무너질 수도 있고 화재가 날 수도 있을 것이다. 병원에서 만난 한 환자는 어느 무엇도 먹지도 마시지도 못해서 말라 병들어 가고 있었다. 음식에 독이 있다고 여겨 식음을 전폐했다. 정작 그 사람을 병들게 하는 것은 음식에 든 독이 아니라 스스로의 불안과 공포감이었다. 이렇게 공포와 불안을 느낀다면 어느 곳도, 무엇도 안전하지 않을 것이다. 그러나 믿고 생활하면 어디건 살 만한 곳이 되고 스스로 어디서나 어떤 상황에서도 조심하며 그럭저럭 살 수 있게 된다.

보웬은 생명을 가진 모든 살아 있는 것들은 기본적인 불안을 갖는다고 했다. 다칠 수도 있고 죽을 수도 있으며 병이 들 수도 있다. 그러기에 기본적 불안을 가지지만 그것을 넘어서 자신의 삶을 살아갈 수 있어야 한다. 그러기 위해서 보웬은 사실과 정서 혹은 감정을 분리할 수 있어야 하며 나와 타인을 구분할 수 있어야 한다고 했다.

내 속에서 일어나는 부정적인 감정을 구분하고 분별하기 위해서는 객관적인 사실과 떠오르는 감정에 대한 구분이 필요하다. 예를 들면, 어둠 속에서는 공포감을 느끼기 쉽지만 객관적으로 다시 생각해 보면 두려워할 이유가 없다는 것을 알게 되는 것과 같다. 타인과 나를 구분하지 못할 사람이 없을 것으로 여기지만 그렇게 간단하지 않다. 유명 모델이 선전하는 화장품을 사용하면 나도 그렇게 예뻐질 것이라 착각하며 사게 된다. 이런 일은 거의 무의식적으로 일어나기에 본인도 의식하지 못하는 경우가 대부분이다. 잘 팔리지 않던 제품이 광고모델을 바꾸자 불티나게 팔리는 것이 현실이다.

조사연구에 따르면 사람들이 걱정하는 대부분의 사고나 사건들은 일어나지 않는다고 한다. 그럼에도 불구하고 사람들은 자동반사적이고 무의식적으로 걱정하고 불안과 공포감을 갖는다. 그래서 보웬은 분화를 주장한다. 즉, 자기 스스로가 되어 다른 무엇에도 상관없이 자신이 원하는 삶을 살아갈 수 있어야 한다고. 다른 말로 표현하면 스스로 이성적이고 합리적으로 선택하고 자신이 원하는 삶을 살아야 이런 불안에서 벗어날 수 있다고 한다.

이렇게 스스로 선택해야 하는 것 중 하나가 내 속에서 일어나는 쓰레기더미 같은 잡념이나 부정적인 감정으로부터 벗어나는 것이다. 흔히 미망이라고 부르는 잡생각과 부정적인 감정으로부터 벗어날 때 그때서야 비로소 진정한 자신을 바라볼 수 있고 나다운 선택을 할 수 있게 된다. 살다 보면 어느새 부정적인 생각과 감정에 사로잡혀 있는 자신을 발견하는 경우가 있다. 왜 그런 생각이 드는지, 왜 지금에 와서 그때 그 일이 그렇게 억울하고 분한지 이유조차 모르면서 격한 감정에 휘말려 있는 스스로를 발견하고서 놀라기도 한다. 아니면 욱하고 치밀어 오르는 감정에 휩쓸려버리기도 한다.

이럴 때 얼른 가능하면 그 자리에서 벗어나서 생각을 바꾸고 스스로의 감정을 추슬러 나가야 한다. 그런 감정과 생각에 끌려가다가는 큰일을 저지르는 낭패를 당할 수도 있기 때문이다. 이런 감정들은 언제 어디서나 다시 찾아올 수 있으며 살아 있는 한 이들의 방문은 끝없이 지속될 것이다. 일반적으로 이런 현상을 뭔가에 홀렸다고도 한다. 정말 그렇다. 그것은 내가 아니며 내 감정도 아니다. 그야말로 지나가는 소나기나 먹구름 같은 것이다. 이런 감정은 오고 가며 계속 찾아올 것이다. 그러기에 정신을 차리고 떨쳐버릴 수 있어야 하며 격한 감정에 사로잡히거나 끌려 다니지 말아야 한다.

왜 이런 일들이 일어나는가? 개인사적인 경험뿐만 아니라 인류가 이 땅에 존재하면서부터 집적되어 온 집단무의식이 아직도 우리 속에 그대로 남아 있어 그런 일이 일어난다고 심리학자 융은 말한다. 어쨌든 이런 달갑지 않은 방문은 되풀이해서 일어나며 우리를 미혹에 빠뜨리는 걸림돌이 되고 있다. 그러나 이런 현상들을 이해하고 스스로 조절해 나갈 수 있다면 별 문제가 되지 않는다. 더 나아가서 이런 감정이나 생각이 올라올 때마다 바르게 다루고 잘 흘려보내게 되면 인류의 집단무의식도 그만큼 정화될 수 있을 것이다.

의식의 각성과 훈련을 통해서 잡생각이나 미망으로부터 벗어나서 맑은 생각과 온전한 정서 속에서 스스로의 삶을 주체적으로 살아갈 수 있을 것이다. 욱하니 치밀어 오르는 감정에 끌려다니지 않고 신선한 바람에 날려 보내고서야 비로소 스스로 자유로워지는 경험을 한 적이 있을 것이다. 이처럼 매 순간 쌓이는 먼지를 계속 청소해 내듯이, 생각과 감정이라는 미망도 매일 매일 닦아내고 정화해 나가야 한다. 이런 자기 성찰적 자세와 노력이 스스로의 품위를 지켜가고 유지하며 자기다운 삶을 살아갈 수 있게 하는 원동력이 될 것이다. 대중매체가 전하는 유혹과 천박한 가치관이나 행태들이 우리 삶을 미혹시키고 바른 판단을 흐리게 만든다. 그러기에 더 맑은 정신으로 바른 행동과 분별이 요구되며 그래야 온갖 잡동사니로부터 벗어나서 자기다운 삶을 찾아가는 여정을 이어갈 수 있을 것이다.

다들 잘 사는데

대학수업에서 학생들에게 본인 가족의 어려움을 이야기해 보라고 하면 보통 이렇게 시작한다. '남들은 다 잘 사는 것 같은데 우리 가족은...'이라고 한다. 부모님 사이가 좋지 않다, 경제적으로 힘들다, 부모님이 자식에게 관심이 없다, 집안이 엉망이고 먹을 게 없다, 얼굴 본 지 오래다, 친척끼리 원수가 되어 있다, 다들 우리를 싫어하고 피한다...

이런 이야기의 공통된 가정은 다른 집은 그렇지 않은데 우리만 못 살고, 우리만 사이가 좋지 않다고 여긴다. 과연 그럴까? 남들이 잘 사는지 네가 어떻게 아느냐고 물으면 그냥 보기에 그렇게 보인다고 한다. 아마 다른 친구 눈에는 자네 집도 잘 살고 있는 것처럼 보일 것이라고 하면, 그렇다면 그나마 다행이라 여긴다.

이웃집 잔디가 더 푸르러 보이고 남의 떡이 더 커 보이는 법이다. 뚜껑을 열어보면 다 마찬가지고 문을 열어보면 앞집이나 뒷집도 마찬가지다. 남의 눈에는 좋아 보이고 별일 없어 보이지만 그 속은 모르는 것이다. 그래서 나만 불행하고 나만 소외되고 힘든 삶을 살아간다고 여기기 쉽다. 요즘에는 SNS상에 올라오는 온갖 사진들을 보며 사람들이 더 불행해진다고 한다. 남들은 온갖 좋은 것 먹고 놀러 다니는데 난 뭐냐? 내 삶은 왜 이래? 라는 질문을 하게 된다고 한다.

한 번의 외식을 위해서 열심히 일하는 것은 생각하지 않고 가족여행을 위해서 몇 년을 계획하고 노력한 배경은 모르거나 잊은 채, 다들 놀고먹거나 호의호식하는 걸로 착각한다. 과연 그럴 수 있는 사람이 얼마나 될까? 돈 많은 사람도 시간이 없어 못하고 건강이 나빠서 못하는 경우도 많다. 그렇게 사진 찍고 올리는 것은 그것이 귀한 기회이며 매일의 일상이 아니기 때문이다. 자신의 일상을 타인에게 다 공개하고 싶은 사람은 흔치 않을 것이다.

겉으로 드러난 것이나 타인의 눈에 비친 깊이 알지 못하는 온갖 짐작과 추측으로 스스로 불행하다고 여기고 삶을 비관한다면 이 또한 어리석음의 소산이다. 아직 어린 학생들이야 그러면서 배우고 깨쳐 나가겠지만 성인들도 그런 경우가 많다. '요즘은 다 그렇대요. 그 정도는 다 한대요'라는 말을 들으면 한번쯤 생각해 볼 필요가 있다. 그 근거가 무엇이며 그래서 난 어쩔 것인가를.

사회학이 무엇인지를 정의한 피터 버그는 사회학은 뚜껑을 열어보고 뒤집어 보며 숨겨진 사실을 찾아 파헤치는 것이라고 했다. 모두가 이런 학자가 될 필요는 없지만 그런 비슷한 작업을 일상생활 속에서도 해볼 필요가 있다. 타인의 사생활에 대해서가 아니라 자신의 삶에 영향을 미치는 요소들에 대해서 곰곰이 따져보고 깊이 생각해 볼 필요가 있다.

관리비가 바르게 부과되었는지, 옆집 사람의 말이 진실인지, 내 사고에 문제가 없는지에 이르기까지 뒤돌아보고 곰곰이 생각해 보며 살아야 어느 귀신에 홀려가는지도 모르게 떠밀려 가는 자신을 붙잡을 수 있고 내 삶을 살아갈 수 있을 것이다. 특히 선전이나 대중매체의 유혹으로부터 벗어날 수 있게 될 것이다. 요즘에는 쇼핑중독이 늘어나고 있다. 특히 밤 시간에 사람을 미혹시키는 광고들은 사지 않을 수 없게 만드는 경우가 많다고 한다. 그래서 매출이 치솟는 시간이 늦은 밤이라는 사실이 전혀 놀랍지 않다.

우리가 경제적 어려움에 빠졌던 시기에 한 학생의 말이 생각난다. 눈물을 흘리면서 '남들은 다 잘사는 것 같은데, 우리만 이렇게 허덕이고 있다는 사실이 믿기지 않으며 억울하다'고. 그래서 다른 학생들에게 물어보았다. 다들 아무 일 없이 잘 살고 있느냐고. 많은 학생들이 고개를 저었다. 한 학생은 나도 죽을 지경이지만 창피해서 말 않고 있다고, 남들이 알까 두렵다고, 그래서 숨기느라 더 힘들다고. 나도 거들었다. 나와 우리 가족도 최대의 위기를 겪고 있으며 잠이 오지 않는다고.

한국전쟁 후 모두가 어려울 때는 사람들이 크게 불행하게 느끼지 않았으며 열심히들 살았다. 왜냐하면 모두가 어려웠으니까 그리고 이만해도 다행이라 여겼다. 그런데 나만 어렵고 나만 불행하다고 여기면 그때부터는 더 힘들어진다. 혼자만 그런 것의 탓을 타인에게 돌리기도 하고 억울하기도 하며 원망의 대상이 늘어간다. 그러나 다른 사람도 꿋꿋하게 견디고 있으며 어려움을 용기 있게 극복해 나가고 있다는 사실을 알게 되면 스스로 반성하게 되며 용기를 얻게 되고 서로 간의 지지를 통해서 함께 나아가기도 한다.

어려움에 처한 학생을 불러 교수식당에서 함께 점심을 먹었다. 식사를 끝낸 학생이 진심 어린 마음으로 정말 잘 먹었고 오랜만에 맛있는 식사를 했다는 말에 우리 식당 음식에 대한 불만이 한꺼번에 싹 사라졌다. 누군가에게는 이런 기본적인 식사도 흔치 않은 일이라고. 우리 복지관 식사에는 늘 불만이 따른다. 많은 수가 한꺼번에 식사를 하다 보니 이런저런 불만이 터져 나온다. 그런데 식당이 휴가로 쉬었다 다시 열고 나면 당분간은 아무도 불평하지 않는다. 우리가 제공하는 식사가 얼마나 편리하고 소중한지를 알게 되기 때문이다.

그래서 한 번씩 자신이 갖는 생각이나 태도가 정당한 것인지 다른 사람과 이야기를 나누어 보고 남의 말도 들어보아야 한다. 그래야 자기생각이라는 함정에서 벗어날 수 있게 된다. 이런 점에서는 집단이나 또래 간의 대화가 큰 의미를 지닌다. 내가 가진 생각이나 태도 또는 가정이나 기대들이 과연 정당한 것인지, 왜곡된 것인지를... 그래서 사람 간의 만남과 소통이 중요하게 된다. 힘 있는 윗사람과의 소통 못지않게 일상생활에서의 사소해 보이는 이야기나 소통도 중요한 의미를 지닌다. 남을 험담하거나 뒷담화를 하는 것이 아니라 자신의 이야기를 나누어 보고 타인의 말을 경청해 보며 스스로에 대해 생각해 보는 것이 또 하나의 교육이며 힐링이 된다. 마음을 열고 나누며 귀 기울이는 진솔한 대화는 보약 못지않은 삶의 양식이 될 것이다.

판단을 멈추고

사회복지 실천 윤리강령 중 하나가 비심판적 태도다. 다른 사람을 내 기준으로 판단하거나 심판하지 말라는 것이다. 사회복지서비스 이용자들은 대개 사회적 약자 내지는 사회적 기준에 적응하지 못한 사람이거나 실패한 사람들이다. 그래서 이들을 사회적 기준이나 도덕적으로 판단한다면 도움 자체를 제공할 수 없게 된다. 옳다, 그르다 또는 좋다, 나쁘다는 판단을 떠나서 있는 그대로 수용하며 당사자의 수준에서 공감하고 도움을 제공해 줌으로써 다시 일어설 수 있도록 함께 노력해 나가게 된다.

그런데 이런 비심판적 태도는 사회복지사들의 실천윤리일 뿐만 아니라 우리 모두의 기본 생활 태도와 지침이라 할 수 있다. 주변 사람을 내 방식과 기준으로 난도질한다면 주위에 남을 사람이 없게 되며 결국은 나도 그런 칼날을 피할 수 없게 될 것이다. 그럼에도 불구하고 일반적으로 다른 사람의 행동이나 생각의 잘못을 찾아내서 비판하는 것이 깨어 있는 양심이며 양식 있는 행동이라 여긴다. 국가정책이나 현상에 대한 대안 마련이라면 이런 판단과 비판을 통해서 더 나은 방법을 선택하고 결정을 해나가는 과정이 타당하다.

그러나 일상의 상호작용에서는 각자의 생각과 태도에 차이가 있으며 어느 것이 더 낫고 또 그래야만 한다는 정당성을 찾기 어려운 면이 있다. 그래서 부처와 예수는 판단하거나 시비를 가리지 말라고 했다. 왜냐하면 시비를 가리는 것이 불가능한 경우도 많고 그러는 것 자체가 어리석은 행동에 불과하기 때문이다.

자신을 다스리기보다는 다른 사람을 판단하고 비판하는 것이 더 쉽다. 그래서 쉽게 자신이라는 기준으로 다른 사람을 판단하려 든다. 이런 행동은 우선 내가 가진 잣대나 척도가 올바른 것인가? 라고 스스로 자문해 볼 필요가 있다. 더 나아가서 옳고 바른 행동을 다른 사람에게 요구하기 전에 먼저 스스로 행동으로 보여주어야 한다. 그렇게 되면 주장하지 않아도 사람들이 알아서 따르게 될 것이다.

사람들이 쉽게 판단하고 비판하는 습관은 다른 사람의 잘못을 들추어냄으로써 나의 잘못과 실패를 합리화하기 위한 방편으로 사용되는 경우가 많으며 자신의 우월성을 간접적으로 드러내려는 전략으로 활용되는 경우도 많다. 그러나 이런 노력은 결국 실패하고 말 것이다. 왜냐하면 주변 모두가 이미 그 사람에 대해서 알고 있으며 각자 자신의 경험에 근거한 분별력을 가지고 있기 때문이다.

다른 사람을 비판하며 징벌해야 한다고 여기고 그들의 행동을 교정하려 드는 것은 참 어리석은 행동이다. 다른 사람이 내 마음대로 호락호락하지 않으며 자신의 주장을 관철시키려는 행동은 많은 스트레스와 감정적인 소모를 낳는다. 그래서 본인 스스로가 먼저 지치게 되며 주변 사람들을 지치고 짜증나게 만든다. 이런 결과는 어느 누구에게도 도움이 되지 않으며 자신의 생각과 아집에 집착하게 만든다.

그렇다면 다른 방법은 없는가? 다른 사람의 태도와는 상관없이 스스로 생각하는 최고의 모습을 먼저 표현하는 사람이 되는 것은 어떨까? 다른 사람에게 요구하는 것을 먼저 실천하며 모범이 되는 것이 더 멋진 방법이 아닐까? 그런데도 그렇게 하지 못하고 실패를 다른 사람의 탓으로 돌리며 타인을 변화시키려 드는 것은 불가능한 일이고 또 스스로를 소모시키고 소진시키는 어리석은 방법이다.

항간에 모 씨가 자신이 한 말에 대한 대가를 톡톡히 치르고 있는 모습을 국민들이 지켜보았다. 다른 사람을 가르치려 들기 전에 본인이 먼저 솔선수범해서 그렇게 살아야 했지만 그렇지 않았다는 것이 드러나자 많은 사람들이 실망을 넘어 분노한 것이다. 그렇다면 분노하는 사람들의 태도는 어떤가? 누가 그 사람 말을 믿으라고 했는가? 스스로 선택한 행동 아닌가? 그래놓고서 위선자니 뭐니 하기 전에 우선 스스로의 선택과 믿음에 대한 책임부터 져야 하는 것 아닌가? 그리고 온갖 말로 포장해서 사람들의 기대치를 부풀린 사람도 역시 스스로의 말과 태도에 대한 책임을 져야 할 것이다. 타인을 기만하고 실망시킨 대가가 무엇인지를 똑똑히 배웠을 것이며 다른 사람의 기대를 안고 산다는 것이 어떤 것인지도 뼈저리게 느꼈을 것이다.

그러기에 어느 누구와도 상관없이 초연하게 스스로의 행동을 결정하며 자신의 삶을 살아야 한다. 그렇지 않다면 비판하는 사람과 같이 맞물려서 돌아가는 저급한 상태에서 벗어나기 힘들 것이다. 그야말로 욕하며 배우게 되고 비판받는 사람과 똑같은 판단의 칼날을 결국은 맞게 될 것이다. 자신이 만든 덫과 올무에 스스로 걸려든 격이다.

이와는 다른 수준이 있다. 그 모두에도 불구하고 초연히 자신으로 존재하는 방법이다. 그것이 초월적 시각이며 다른 차원에서 바라보는 관점이다. 세속적인 관점이 아니라 본래적 정체성을 회복한 초월적 시각으로 존재하는 방법이다. 성경에 의하면 인간은 신의 형상대로 만들어졌다고 한다. 신의 형상이 너무 거창하고 부담스럽다면 성숙한 인간의 상식적인 자세와 태도 또는 정직한 자세라는 말로 바꾸면 어떨까? 좀 더 실현 가능한 수준이 아닐까? 그렇지 못하다면 다 마찬가지지며 그러기에 누가 누굴 비판할 것인가?

뇌리를 스치는 자동반사적인 판단을 멈추고 여유롭게 찬찬히 바라보게 되면 섣부른 판단이나 어설픈 단정에서 벗어나서 두루 살필 수 있게 된다. 그런 마음가짐으로 다른 사람의 말에 귀 기울이고 공감하며 바라보면 나의 편견 어린 생각이나 왜곡된 시각에서 벗어날 수 있을 것이다. 섣불리 판단하는 사람의 말은 그 말에 앞서 그 사람을 먼저 생각해 보게 된다. 그럼으로써 큰 의미 없는 일에 휘말리거나 여론과 집단적 오류에 부화뇌동하지 않게 될 것이다.

진정으로 내가 누구인가라는 바른 정체성을 가지고 바라보면 주변 이웃 모두를 그 무엇에도 불구하고 귀한 존재로 존중하게 되며 그럼으로써 나도 또한 존중받을 수 있을 것이다. 그런 차원에서는 사람 간의 만남이 섣부른 판단을 넘어서 다른 차원과 관점에서의 상호작용이 가능하게 될 것이다. 그렇게 되면 서로의 영혼을 채워주는 귀하고 풍성한 만남과 교류가 가능해질 것이다.

순수함의 유지

어린아이들을 대하면 기분이 좋아진다. 여러 가지 이유가 있겠지만 그중에서도 눈이 맑고 태도가 유연하며 순수함에서 오는 영혼의 깨끗함이 주는 매력 때문이라는 생각이 들곤 한다. 그래서 천사를 아이들로 표현하며 그들의 순진하고 천진난만함이 주는 상쾌한 활력이 좋다. 그렇다면 왜 어른들은 나이가 들어가면서 그런 천진함과 순진함을 잃어버리는가? 하는 의문이 든다.

아마도 자신의 순수함을 잃어버리게 되는 여러 가지 이유가 있겠지만 그중 하나는 다른 사람의 잘못된 행동을 보고 대항하거나 비판하며 저항하다 보면 스스로도 모르는 사이에 이미 그런 행동에 물들어 가기 때문이라는 생각이 든다. 주위를 둘러보면 좋은 본보기도 많고 모범이 되어주는 사람들도 있지만 그렇지 못한 경우가 더 눈에 띄게 된다. 그럴 경우 대부분은 그런 행동을 비판하며 싸우고 같이 휘말리다 보면 처음의 의도와는 달리 스스로 다른 사람을 비판적인 눈으로 보게 되고, 자기 식을 주장하다 보면 비판해 온 사람과 또 다른 형태의 비슷한 사람으로 변해가게 된다. 욕하면서 배운다는 말이 바로 이런 경우라고 할 수 있다.

잘못된 행동을 보면서 다른 사람을 고치려고 하기보다는 스스로의 행동을 되돌아보며 고쳐나가는 일은 말처럼 쉽지 않으며, 이렇게 되기 위해서는 관용과 같은 큰 내공을 필요로 한다. 그래서 대부분의 사람들은 도리어 자기주장을 강하게 하며 저항하는 태도를 취하기 쉽다. 이러다 보면 스스로 자기 기만에 빠지기 쉽고 자기 옳음 속에서 다른 사람을 자신의 잣대로 재며 그 잣대에 맞추기를 원하는 더 큰 오류를 범하게 된다. 더 나아가서 사회정의나 약자에 대한 보호 또는 종교적 교리라는 명분까지 가지게 되면 또 다른 형태의 독선과 아집으로 고착되기 쉬워진다.

그러므로 다른 사람의 허물이나 잘못을 보면서 자신을 되돌아보며 성찰하고 다른 사람에게는 넉넉한 마음과 태도로 대하게 되면 스스로 휘말리는 우를 범하지 않을 수 있을 것이다. 더 나아가서 스스로의 옳음 속에 갇혀버리는 어리석음도 범하지 않을 것이다. 다른 사람이 어떻게 행동해야 하는지 내가 어떻게 다 알 수 있는가? 그런 생각 자체가 지나친 독선이며 편견인지 모른다.

다른 사람이 그렇게 행동하는 이유를 내가 다 알 수 없으며 그런 행동이 고쳐져야 한다고 믿는 나의 생각이 잘못된 것인지도 모른다. 그들은 그들 자신이게 내버려 두라. 본인이 행동한 대가는 스스로 지불할 것이며, 그들의 행동에 대해서 내가 대신 지불할 필요는 없다. 그보다는 내 행동을 바르게 하는 것이 더 쉽고 간단할 것이다. 예를 들면, 내가 운전을 하면서 다른 사람이 어떻게 운전해야 하는지를 알고 있다고 생각하고 다른 사람도 나처럼 운전해야 하며, 그들이 내가 원하는 대로 운전해 주어야 한다고 주장하는 경우와 같다.

타인에 대해서 비판적이고 저항적인 태도를 가지면 우선 나의 순수성과 순진성을 잃어버릴 가능성이 더 높아진다. 스스로 자신이 옳다는 것을 합리화하게 되며 저항적인 행동의 옳음과 정의로움을 설득해 나가는 과정에서 정직함보다는 자기 합리화와 자기 기만이 더해져서 상대방의 편견이나 잘못된 행동 못지않은 우를 자신과 주위 사람들에게 범하게 된다.

타인에게 너그럽고 이해심을 발휘하는 사람이 스스로에게도 그럴 수 있으며 자신에게 관용과 인내심을 가질 수 있는 사람이 타인에게도 관용적일 수 있다. 이런 태도는 다른 사람에게만 좋은 태도가 아니라 우선 본인에게 가장 도움이 된다. 그래서 자신의 순수성과 순진성을 보호하게 되며 불만과 저항으로 인한 시간과 에너지의 낭비를 막을 수 있을 것이다.

이렇게 타인의 부정적인 영향력에서 벗어나서 나 자신일 수 있는 능력이 바로 스스로에 대한 바른 정체성이며 내가 진정으로 누구인지를 확인하고 드러내는 일이다. 다른 말로 하면 어떤 상황에서나 스스로의 진실을 드러내고 자신일 수 있는 능력이 진정한 개성이며 바른 영향력이고 분화다. 이런 영향력은 요란스럽지 않은 조용한 영향력으로 큰 힘을 발휘하지 못할 것 같지만 그럴 준비가 된 사람에게는 보이며 전해지는 진정한 영향력이다.

이런 태도는 태풍의 눈과 같이 고요함과 평화로움 그리고 휴식을 전하며 폭풍우 속으로 휘말려 모두에게 피해를 주는 파괴적 에너지에 동참하지 않음으로써 태풍조차 잠재울 수 있는 강한 마력을 지닌다. 그래서 때로는 무반응으로 아니면 관용과 인내로 그냥 바라보는 것이 그리고 스스로를 분리시켜 보호하는 것이 최선일 수 있으며 우선적으로 요구되는 일이기도 하다.

많은 경우 어떤 것에 대항해서 싸우던 사람들이 그 대항세력이 없어지게 되면 존재가치를 상실하는 경우가 있다. 대항하던 이념이나 부정적 영향력을 가진 사람이 없어지면 소기의 목적을 달성한 것이고 그래서 기뻐해야 함에도 불구하고 도리어 허탈해하고 자신의 존재 의미마저 잃어버리는 이유는 무엇인가? 저항 자체에 너무 큰 의미와 가치를 두었기 때문이며 그래서 나중에는 최초의 순수한 동기는 이미 사라지고 잊어버렸기 때문인지도 모른다. 사라지고 없어져야 할 것들에 힘을 실어주며 지속시키기보다는 새로운 희망의 싹을 키우는 것이 더 큰 의미와 가치를 지닌다. 없어져야 할 것은 그대로 둠으로써 없어질 것이다. 그 대신 새로운 것, 진정한 가치를 키우기 위한 노력에 동참하는 것이 또 다른 희망의 씨앗을 뿌리는 일이 아닐까?

말의 품격

유행가 가사에 이런 것이 있다. '우리는 말 안 하고 살 수가 없다. 날으는 솔개처럼...' 그렇다. 말을 통해서 서로의 마음을 알고 지식과 정보를 나누며 살아간다. 그런데 그 말이 사람에게 상처를 주기도 하고 큰 위로와 축복이 되기도 한다. 같은 값이면 서로를 축복하고 용기를 돋워주는 말을 나누고 싶어 한다. 그런데도 상처를 입히고 돌아서게 만드는 말들을 주고받고 있다. 왜 그럴까? 홧김에, 감정에 치우쳐서, 직설적으로 말해야 알아들을 것 같아서... 등등 이유가 많다. 그런데 말도 습관이고 가족이나 가까운 사람들로부터 학습된 것이다. 부모들의 말솜씨는 아이의 말을 들어보면 바로 알 수 있다. 아이에게 좋은 말 습관을 길러주는 것이, 좋은 본을 보이는 것이 재물보다 더 큰 유산이라는 사실을 잘 인식하지 못하고 있다.

말을 예쁘게 하는 사람은 참 예뻐 보인다. 같은 말인데도 그 사람이 하면 설득력이 있어 보이고 수용하기 쉬워진다. 더 나아가서 말에서 향기가 도는 것 같이 느껴지기도 한다. 어째서일까? 그 비결이 뭘까? 그것은 말을 통해서 그 사람의 인격의 향기가 전달되는 것이 아닐까? 그렇다고 그런 사람들이 꼭 고매한 인격을 가진 사람이 아니어도 교양과 상식을 지닌 품위 있는 사람일 수 있다. 좋은 말 습관과 태도가 학습된 사람이거나 많은 훈련 끝에 익은 노력의 결실일 수도 있다. 그래서 나이와 위치에 맞는 품격 있는 말을 하는 것은 그냥 이루어지는 일이 아니다. 잘 알려진 정치인들 중에는 한마디 한마디가 국격을 떨어뜨리고 국민의 자존감을 저하시키는 말을 아무런 주저 없이 내뱉는 경우도 있다.

품위 있고 상황에 맞는 말이야말로 그 사람의 인격을 돋보이게 하며 매력적으로 만든다. 그렇다면 어떻게 하면 그런 품격 있는 말을 할 수 있을까? 우선 하지 말아야 할 것부터 살펴보는 것이 더 쉬울 것 같다. 다른 사람을 비아냥거리거나 삐딱하게 보고 말하는 것은 자신의 왜곡된 인격과 됨됨이를 반영하는 것일 뿐이다. 입발림이나 마음에 없는 말은 상대의 공감을 얻기 어려우며 허언이라는 것을 상대도 쉽게 알아차리게 된다. 지나친 자기주장과 상대방의 의견을 듣지도 않고 무시하는 행동은 자신이 먼저 거부당하기 십상이다. 자기도취와 지나친 자랑은 속빈 강정이기 쉽다. 장황한 말투, 명령조의 말, 단답형의 대답, 인상부터 먼저 일그러지는 행동, 경쟁적으로 말하고 자기과시를 위해서 하는 말은 다른 사람의 화를 부른다.

말은 교육이며 훈련이다. 그래서 가정이나 학교에서 좋은 대화법을 가르치고 배워야 한다. 요즘은 새로운 직장이나 환경에 잘 적응하지 못해서 실패하는 경우를 많이 보게 된다. 이런 적응의 중요한 요소가 말하는 법, 타인과 대화를 통해서 관계를 맺고 자신을 드러내며 다른 사람들을 수용하고 공감해 나가는 방법이다. 그래서 얼마나 많은 문제들이 잘못된 말 습관으로 인해서 개인적으로 그리고 사회적으로 제기되는지 모른다. 부모나 선생이 먼저 모범적인 언어습관과 태도를 보여주고 사용함으로써 자녀나 학생들이 무의식적으로 배워 나가고 익혀 나가게 된다. 그렇게 되지 않는다면 교육이나 훈련을 통해서라도 스스로 익혀 나가야 한다.

따뜻한 한마디의 말이, 부드럽고 온화한 표정과 눈길이 큰 위로가 되기도 하고 지나치는 손길 하나로 하루를 망쳐버리기도 한다. 생각 없이 던진 한마디의 말이 잠자는 뇌관을 건드리기도 하고, 가슴에 대못을 박기도 한다. 서로를 채워주고 위로해 주는 말이 인간관계를 이어주고, 마음을 알아주는 한마디와 태도가 큰 용기를 준다.

가능하면 부드럽고 온화한 태도를 유지하는 것, 마지막 말은 남겨두고 내뱉지 않는 것이 삶을 순탄하게 만든다. 천 냥 빚도 말 한마디로 갚아지기도 한다. 정직한 표현이 감동을 주며 동병상련의 동지애를 자아내기도 한다. 따뜻한 한마디가 명약이 되고 재치 있는 한마디가 언 가슴을 녹여낸다. 이렇게 치유적 효과를 가지는 것이지만 동시에 날카로운 무기가 되기도 하는 것이 말이며 언어가 가진 힘이다.

함부로 생각 없이 해 온 말들이지만 다시 돌아보며 반성해 볼 필요가 있다. 세 치 혀가 미사일보다 더 강력한 무기가 될 수도 있고 시베리아의 동토만큼 차가운 가슴을 녹이기도 한다. 강력범죄나 우발적 살인도 잘못된 한마디에 자극되어 벌어져 버리는 경우가 흔하다. 어렵고 힘든 상황에 처할수록 더 신중하게 가려서 말하고 사람의 마음을 읽어주고 달래주는 말이 상황을 반전시킬 수 있는 힘이 되기도 한다.

2장

행복할 권리

행복할 권리

우리 복지관에는 다양한 사람들이 모여 하루를 보낸다. 세속적인 시각에서 보면 가장 힘든 처지에 놓인 사람들이다. 늙고 병들고 가난해서 국가에서 제공하는 돈으로 임대아파트에서 살고 있는, 한마디로 불쌍한 사람들이다. 그런데도 친절한 말씨와 품위 있는 행동으로 밝게 사는 사람, 더 어려운 사람들을 도우며 자기 일처럼 여기는 사람, 부드러운 미소를 지니고 살아가는 사람도 있다. 한편 분노에 차서 술에 빠져 사는 사람도 있고 우울증을 앓는 사람, 자포자기한 사람도 있다. 이렇게 다양한 사람들이 모여 함께 지낸다.

친절하고 부드러운 미소로 자신의 품위를 잃지 않는 분들을 보면 어째서 저럴 수 있을까? 하는 호기심이 생기며 내심 부럽고 존경스럽기도 하다. 그러나 분노에 차서 쩔쩔매는 사람, 누구 하나 걸려들기만을 바라며 시비를 거는 사람을 보면 참 딱하다. 가끔씩 내게도 저런 순간들이 있었기에, 더 마음이 쓰인다. 저런 추한 모습이 나의 자화상일 수도 있기에 더 그렇다. 어쩌다 분노의 화생방 포탄을 맞고 나면 억울한 마음에 화가 치밀다가도 마음을 가라앉히고 생각해 보면 측은한 생각이 든다. 당한 나는 털어버리면 그뿐이지만 가해자는 더 자신을 상하게 하고 스스로 더 불행에 빠져 있기 때문이다.

이 세상을 살면서 억울한 일 안 당해본 사람 없고, 분노할 순간이 없었던 사람이 있겠는가? 누구나 다 그런 일을 당하면서 살지만 문제는 그런 상태를 자신에게 허락해서 스스로 불행해질 것인가? 아니면 남이야 어쨌든 내 삶이 더 소중하기에 얼른 벗어나서 품위를 되찾고 내가 행복해질 권리를 회복하는가에 달려 있다. 내가 행복하지 못한 이유가 다른 사람 때문이라 생각한다면 그것은 어리석음의 소산이다. 그런 식으로 생각하면 편할 날이 하루도 없을 것이다. 다른 사람에게 나의 소중한 권리를 양도하고 내 삶을 지배하도록 허락한다면 그것은 나의 선택이지 그 사람 탓이 아니다.

그들이 부모건, 스승이건, 배우자건, 자식이건 간에 그 누구도 나의 천부적 권리, 내가 행복해지고 내 삶을 향유하고 누릴 권리를 빼앗을 수 없다. 오직 나만이 스스로 그 권리를 양도할 수 있을 뿐이다. 그래서 궁극적으로는 아무도 탓할 사람이 없게 된다. 오직 나의 선택과 결단만 있을 뿐이다. 그 누구, 그 무엇에도 불구하고 나는 내 삶을 내 식으로 이어나가야 하고, 내 삶을 행복하게 만들 권리와 책임은 온전히 나에게 있다. 바로 여기에 우리 모두가 자유로울 수 있고 행복할 수 있는 가능성과 해방구가 열리게 된다.

그렇다면 내가 나를 옥죄고 스스로 불행으로 몰아갈 수 있지 않은가? 그렇다. 사실 대부분의 경우는 타인이 아닌 스스로가 자신을 불행하게 만드는 것이다. 이래 저래야 하는 조건을 달고, 이 사람, 저 사람 탓을 하고, 이것저것을 가져야 하고... 이 모두는 내가 스스로에게 가하는 고문이다. 누군들, 그리고 언제 그런 모든 조건이 충족되는 완벽한 순간이 있겠는가? 그런 순간과 그런 삶은 없다. 단지 내가 만든 허상이며 족쇄일 뿐이다. 그런 어리석음에서 벗어나서 지금 있는 그대로의 나에게로 돌아오면, 그것이 어떤 처지건 어떤 삶이건 간에 오롯이 새로운 시각을 가질 수 있게 된다.

이해하려 들면 이해되지 않는 부분이 없고, 감사하려 들면 범사에 감사하지 않을 것이 없다. 이렇게 나 자신으로 돌아오게 되면, 구질구질하고 초라해 보이던 삶이 새롭게 보이기 시작한다. 지금 이 순간 살아 있음에, 이만큼의 행운에 감사하게 된다. 이 모든 한계에도 불구하고 넘치는 축복에 가슴 저미는 참회로 고개 숙이게 된다. 진정으로 지금, 이 순간 오롯이 나 자신이 되면, 모든 조건을 넘어서, 있는 그대로 만족하게 되며 감사를 느끼게 된다.

휴가

시간의 구속과 속박으로부터 벗어난 해방감이 마치 지구를 떠나 다른 행성에 와 있는 것 같은 착각을 일으키게 한다. 일어나서 씻고 먹고 자는 것부터 하루라는 시간을 온전히 내 마음대로 해도 되는 자유와 여유로움이 감미롭다 못해 취하게 만든다. 이러다 시간이라는 올가미에 다시는 적응하지 못할 것 같은 두려움마저 든다. 시계를 보며 서둘지 않고, 몇 시인지 알 필요조차 없다는 것이 진정한 휴가로 느껴졌다. 그래도 습관적으로 시간을 체크하긴 하지만 구속을 받지 않아도 된다는 사실이 약간 어색하게 느껴지기도 한다.

실컷 자고 느긋하게 일어나 맛있게 차려진 식사를 하고, 여유롭게 산책하며 이곳저곳 기웃거리다 돌아와서 발코니에서 마그놀리아 향기를 맡으며 한가롭게 책을 읽고 글을 쓰다 지치면 물속으로 풍덩 뛰어들 수 있다는 사실 자체가 황홀한 축복으로 여겨진다. 젊은 시절에도 이런 시간을 가진 적이 있었지만 이번만큼 감격적이지는 않았다. 아마 누적된 피로감 때문에 더 큰 해방감을 느끼는지도 모른다.

이번 여행에 가져온 책은 '월든'이다. 오래전 이 지구별에 살았던 한 청년이 삶의 본질을 찾기 위해서 실험하고 추구해 온 노력이 신선하고 아름답다. 그가 바라는 세상과 삶에 대한 안목이 아침 공기처럼 맑고 투명해서 아무리 들이켜도 질리지 않고 촉촉한 여운이 피부까지 스며드는 것 같다. 그래, 모두가 원하는 경제적이고 시간적인 여유와 자유를 지금 가진 나는 어떤 삶을 이어가고 있는가? 이 땅에 사는 사람들이 원하는 큰 자산이자 수단인 여유와 자유를 갖춘 내가 이 소중한 자원으로 무엇을 하고 있는가? 지극히 개인적이고 이기적인 욕심과 허영으로 채워가고 있는 것은 아닌가? 빈들거리며 허비하고 있는가? 아니면 삶의 본질적 가치를 찾아 실현하고 있는가? 지금 나에게 주어진 기회와 시간의 의미와 가치는 무엇인가?

일상성 속에 파묻혀버린 내 감성과 이성을 쉬게 하여 삶의 신성함과 본질적 가치를 회복하는 것이 진정한 휴식의 의미가 아닐까? 먼지와 공해로 찌든 내 영혼을 깨끗이 청소하고 상처받은 가슴을 치유하고 나면 그 다음은 무엇을 해야 하는가? 무엇으로 채울 것인가? 살아 있는 생명과 삶의 본질에 초점을 맞춘다면 내일이나 다음을 걱정할 필요가 없다. 생명은 그 본래의 작용대로 이어질 것이며 생명의 법칙대로 순환할 것이다. 진정으로 내 가슴이 치유되고 열린다면 우주적 기운과 생명력으로 채워지며 지음 받은 모습대로 창조적 과정을 이어나갈 것이다. 문제는 이런 법칙과 생명력이 구체적으로 개인적이고 사회적인 삶 속에서 어떻게 구현되는가 하는 것이다. 그런 의미에서는 가족과 공동체 그리고 내가 속한 조직에서의 위치나 가치와 그 모두를 넘어선 나의 태도에 달려 있다.

가족과 친족 속에서는 서로의 처지를 이해하고 도우며 위로하고 서로를 보살피는 일이 사랑의 표현이다. 그들 모두에게도 이런 휴식의 시간을 선물해 주고 싶다는 생각이 여러 번 들었다. 그러나 내가 주고 싶은 것을 주는 것이 아니라 그들이 원하는 것을 주어야 한다. 그것이 진정한 사랑이며 그들은 그 무엇보다 이해와 관심 그리고 관용을 더 원할 것이다.

사회적 측면에서는 대부분의 사람들이 의미를 부여하는 가치 중 하나는 사람을 돕는 일이며 약자를 위해서 일하는 것이 아닐까? 그런 의미에서 난 이 일에 종사하며 평생을 보내왔고 후회하지 않는다. 단, 잘못된 시스템과 그것들을 통해서 이익을 취하는 인간들을 멀리하고 싫어했을 뿐이다. 그러나 그것도 이제는 내 몫이 아니다. 이 세상 모두가 구원받기 전에는 어디에서든 그런 사람은 있기 마련이며 그들로 인해서 내 삶을 낭비할 필요가 없다. 할 만큼 했다는 생각이 든다. 그래서 이제는 여기에서도 벗어나고 싶다. 내가 할 수 있는 일은 얼추 한 것 같은 느낌이다.

나이가 나이니만큼 이제는 내 존재의 좀 더 본질적인 삶, 그 자체에 몰두하고 싶다. 원하는 글을 쓰고, 책을 읽으며 인생에 대한 안목을 넓히고 더 너그러운 인간, 더 성숙한 인간이 되고 싶다. 소로가 그랬던 것처럼 비본질적인 것으로부터 벗어나는 것이 필요하다. 타인의 시선쯤은 무시하고 더욱 본질에 집중하고 싶다. 그러기 위해서 내가 지금 해야 할 일은 무엇인가? 내 삶을 더욱 단순화시키며 외적인 자극보다는 본질적 가치와 나다운 삶에 초점을 모으며 살고 싶다. 의식주를 단순화시키고 가치가 없다고 여겨지는 것으로부터는 돌아설 것이다. 그 많은 회의들, 쓰잘데기 없는 것에는 참가하지 않을 것이다. 최근 한 친구는 과감히 사표를 던졌지만 난 그럴 용기가 부족하며 꼭 그래야 할 이유도 없다. 하지만 사회적 책임들을 하나하나 내려놓으며 정리해 나가야 할 것 같다. 그래서 이제는 일보다는 사람에게 더 많은 시간을 할애하며 바쁘다는 핑계로 밀쳐두었던 시간이라는 빚을 갚아나가고 싶다.

휴양지에서 그야말로 푹 늘어져서 한갓진 휴가를 누렸다. 수영도 하고 마사지도 하고 맛있는 것도 먹으며 여유와 호사를 누렸다. 모든 책임과 의무로부터, 일거리와 근심거리에서 벗어나서 다 잊어버리고 지냈다는 것만 한 호사가 없다. 휴가는 이런 것이다. 그냥 쉬고 놀며 잠시나마 일상과의 단절을 이루며 벗어나는 것이다. 그래서 새롭게 볼 수 있고 신선하게 대면할 수 있는 감성과 마음의 여유를 회복하는 것이 아닐까? 그래서 삶의 본질에 집중하며 존재하고 일상을 새날처럼 이어가는 것이 아닐까?

문화가 주는 치유

해운대로 이사 온 이후로 동네 문화회관에 다니는 재미가 쏠쏠하다. 집에서 저녁 먹고 사부작사부작 걸어가서 불금을 즐기거나 주말을 즐길 수 있어 문화소비자로서의 자부심도 느끼게 된다. 친구들을 초대해서 동행해도 전혀 부담스럽지 않은 가격이고, 시간 맞추느라 부산떨지 않아 좋고, 예매하는 데 신경 쓰지 않아도 되니 더욱 좋다. 동네 마트에 들르거나 이웃에 마실 가는 것처럼 편안하게 시간 나는 대로 다니며 즐길 수 있어 나에게는 딱이다. 사실 이런 일은 내게 처음은 아니다. 영국 유학 시절 가까이 있던 지역 공연장에서 연극을 자주 보면서 언제 우리나라에도 이런 공연장과 공연예술이 생활 가까이 다가올까 부러워했었다. 그래서 멀리 런던에 있는 로얄앨버트홀 정기권을 구입해서 기차를 타고 밤늦게까지 다녔었다.

그런데 이제는 걸어서 다닐 수 있고 공연수준도 꽤나 높아져서 상당히 만족하고 있다. 30년 전 부산에 내려온 초기에는 큰 공연장과 유명 외국 공연이 있을 때마다 빠지지 않으려고 노력했다. 그러나 관객의 수준이 언제나 문제가 되었던 기억이 난다. 그러다 내 생활도 바빠져서 대중매체를 통해서 즐기는 것 외에는 한동안 뜸하다 점점 멀어지게 되었다. 해운대로 와서 나도 시간을 내기가 수월해졌고 가까워서 집 앞 공연장을 즐겨 찾게 되었다. 영국에서 공연장에 갈 때마다 노인들이 많았던 기억이 난다. 그래서 영국은 노인들도 문화수준이 상당히 높다는 생각이 들었다. 이제 내 나이가 그렇게 되고 보니 노인들이 공연장에 많은 이유를 더 잘 이해하게 되었다. 시간과 마음의 여유 그리고 사회적 공감과 동참의 욕구 이 모두가 다 맞아떨어지게 된 것이다.

시가 어린아이에게는 노래와 유희가 되고 젊은이들에게는 철학이 되며 나이 든 사람에게는 인생이 된다고 괴테가 말했듯이 문화가 나에게는 유희이고 철학이며 삶 그 자체가 되고 있다. 나이 들어서 누릴 수 있는 사치와 호사 중 하나로 여겨진다. 지난 가을 공연에서는 부산이라는 특성과 지역의 역사성에 대한 공연들을 보면서 지난 시절의 잊었던 삶과 이 땅에서 살아온 사람들의 애환과 열정을 다시 느껴보기도 했다. 그런데 어제 공연은 러시아 문학과 음악의 밤으로 이 지역과는 먼 동떨어진 곳에서의 삶을 접할 수 있었다. 하기야 요즘과 같은 지구촌에서 멀다는 말은 시대착오적인 말이 되고 있다.

대지만큼의 광활함, 추위에서 나온 열정과 장중함, 그 밑에 깔린 묵직하고 낯설며 색다른 정서와 느낌들… 러시아 피아니스트의 세련되고 현란하면서도 폭넓은 감성과 몸에 녹아든 것 같은 기교… 톨스토이와 라흐마니노프, 차이코프스키, 림스키코르사코프, 광야에 포효하는 늑대와 같은 소리로 토해내는 친근한 백학과 검은 눈동자, 노동요로 즐겁고 조화로운 화음의 깔린까(딸기) 등은 지구 저 다른 곳의 삶을 바로 내 가슴 속으로 끌어안으며 그들과 공감할 수 있어 이해의 폭을 넓히게 했다.

러시아 음악과 문학에 깊숙이 깔린 우울과 무거움은 혹독한 기후와 동토에서 나온 것이기도 하지만 그러기에 더 열정적이고 더 깊이 있는 철학과 문학이 나올 수 있지 않았을까? 어릴 적 톨스토이의 사진을 처음 대했을 때 마치 나를 야단치는 듯한 표정에 움칠했던 기억이 난다. 그런데 아직도 그런 걸 보면 난 대문호 앞에 서면 주눅 들고 뭔가 들킨 것 같은 약간의 죄의식 아니면 수치심 비슷한 느낌이 든다. 왜 그럴까? 나만 그럴까? 그 죄의식의 본질은 무엇일까? 내 삶을 낭비하고 대충 사는 것에 대한 수치심일까? 아니면 삶의 본질을 놓치고 있는 것에 대한 준엄한 경고인가? 그의 존재 자체가 인류에게 그런 경고의 메시지를 전하는 역할인가?

차이코프스키와 라흐마니노프의 피아노곡들은 아마 청소년

기에 한번쯤 빠져본 사람들이 많을 것이다. 그의 바이올린 선율과 피아노곡이 전하는 깊은 슬픔과 절절함이 왜 그리도 내 가슴을 후벼 파고 들었는지... 아직도 그런 것을 보면 어쩌면 이런 비감과 슬픔이 인간의 가장 순수한 감정 중 하나가 아닐까? 멘델스존의 아름답고 편안한 음악은 나를 행복하게 만들고 삶의 기쁨을 전해서 마음이 밝아지면서 행복바이러스가 전해져서 좋다. 그러나 그뿐이다. 잠깐의 휴식과 같은 자아도취감이 든다. 그에 비해 라흐마니노프와 차이코프스키는 길게 여운을 남기며 자꾸 숙연해지고 삶에 대해서 더 진중해지고 숙고하게 만든다. 그럴 땐 모차르트를 찾게 된다. 힘든 삶을 이어갔음에도 불구하고 신의 소리와 같은 음악으로 사람을 위로하고 기운을 되찾게 만드니까. 베토벤의 인간적인 고뇌에 찬 소리보다 신의 위로와 은총 같은 모차르트의 음악이 이제는 더 편안해서 좋다.

이들이 위대한 예술가인 이유는 시대를 넘어서 인간 본연의 깊은 정서를 자극하고 삶의 희로애락과 그 무엇으로도 잘 표현되지 않는, 그것이 무엇인지도 사실 잘 알 수조차 없는 어떤 정서와 감응을 자극하여 인간 본성의 깊은 심연에서부터 끌어올린 어떤 무엇을 드러내 주기 때문이 아닐까? 나에게는 그렇다. 라흐마니노프의 보컬리즈와 같은 노래를 들으면 더욱 그런 묘한 깊은 정서가 차오르며 누군가 내 영혼을 불러내는 것 같다. 아직도 다 드러나지 않은 내 속에 존재하는 미답의 세계, 내 안에 존재하지만 미처 탐험되지 않고 고스란히 남겨진 그 무엇에 대한 향수와 그리움 그 너머를 자극하여 갈망하게 만든다.

문화가 일상의 삶의 방식이며 공동체에서의 삶을 함께 나누게 만드는 초석이 되지만 삶에서의 소중한 가치와 의미를 되새기게 하고 우리 속의 그리고 삶 자체가 갖는 미지와 미답의 세계를 펼쳐주는 것 또한 중요한 의미를 가진다. 그래서 이 나이에도 어떤 구절에 막혀서 책장을 덮게 하고, 어떤 소리가 가슴 뛰게 만들며 힘이 불끈 솟게 하거나 숙연하게 만들며 찬찬히 음미하게 만드는 위력을 지닌다. 그래서 나와 세상과 삶 자체에 대한 새로운 모험을 시도하게 만들며 꿈꾸게 한다. 그러기에 영원한 젊음과 열정과 갈망을 가지게 만들며 배가 고프고 허기지게 만든다. 그래서 이 나이에도 포기를 중단하고 다시 불끈 일어서게 하는 마력이 있다.

소박한 삶

우리 장애인들로부터 배운 것 중 하나는 소박하고 단순한 삶이다. 우리 이용자 대부분은 좁은 영구임대아파트에서 가진 것도 별로 없이 그야말로 소박하게 살아가신다. 물질적으로 넉넉지 못하다 보니 소박하고 단순한 삶은 선택이 아니라 주어진 여건이다. 그럼에도 불구하고 단출함 속에서도 품위를 유지하고, 소박함 속에서도 넉넉한 마음으로 소소한 일상의 재미와 행복을 누리며 사시는 분들을 뵈면서 스스로를 되돌아본다.

물질이 넘치는 시대를 살아가기에 집이 사람이 사는 공간인지, 물건이 쌓인 창고인지 구분조차 안 되는 집들도 많다. 소유와 소비가 삶의 질을 재는 척도로 여겨지고 있다. 누구든 정신 똑바로 차리지 않는다면 돈과 물질이라는 귀신의 장난질에 놀아날 가능성이 너무도 큰 시대에 살고 있다. 이런 시기에 본인의 선택으로 소박하고 단순한 삶을 살아가려는 노력은 삶의 본질과 초월적 가치를 소중히 여기는 사람들에게는 중요한 요소로 여겨진다.

소박한 삶이 꼭 빈한해야 할 필요도 없고, 단순한 삶을 위해서 오두막이나 단칸방으로 들어갈 필요도 없다. 세상의 잣대와는 상관없이, 자신에게 주어진 여건하에서도 얼마든지 단순하고 정제된 삶을 살아갈 수 있을 것이다. 얼마를 가졌든지 간에 절제의 정신으로 살며 물질보다 더 중요한 것에 가치를 두면, 각자의 수준에서 단순하면서도 아름답고 넉넉하게 살아갈 수 있을 것이다. 넘쳐나는 물질적인 요소와 불필요한 관심과 관계들을 축소했기에 자유롭고 더 의미 있는 시간과 공간을 유지할 수 있을 것이다.

왜 사람들은 그렇게도 긁어 모으고 가지려 들까? 정신적이고 심리적인 불안과 결핍을 물질로 메우려는 허망한 노력은 아닐까? 여성들이 명품가방을 좋아하는 심리 뒤에는 유명메이커를 소유하면 자신도 명품인간이 될 것 같은 어이없는 착각이 존재하는 것은 아닐까? 품위 있는 사람은 무엇을 입거나 들어도 다 빛나 보인다. 소박함과 단순함 속에서도 우아함과 미적 감각은 빛날 수 있다.

소박한 삶을 떠올리면 두 분이 생각난다. 권정생 선생님은 소박하고 단순한 삶의 표본이셨다. 돌아가신 후에 고무신 한 켤

레와 책 몇 권, 옷 두어 벌만 남았다고 한다. 책 인세로 나온 10억 원은 북한 어린이를 위한 사업에 기부하셨다. 또 한 분은 법정스님이다. 불일암의 작은 암자에서 그야말로 정갈하고 소박한 삶을 사셨다. 부엌에는 작은 식탁과 통나무의자 그리고 그릇 몇 개가 전부였다. 그럼에도 불구하고 맑은 기운과 심미안적 안목이 곳곳에서 배어났고, 밭에는 달맞이꽃과 옥잠화가 지천으로 피어나서 풍요롭고 향기로웠다.

단순하고 소박한 삶은 가치 있다고 생각하는 삶을 위해서 물질적인 것들을 단순화시키는 삶의 선택이다. 이렇게 간소화시키는 것이 물질적인 것만은 아니다. 인간관계나 관심 등 생활의 모든 면에 다 적용될 수 있다. 그야말로 선택과 집중을 통해서 더 자기답게 살아가고, 삶을 허비하지 않기 위해서 자발적으로 가벼움과 비움을 선택하는 것이다. 물질적인 것은 눈에 드러난 외형으로 고매한 정신이 깃들 수 있는 그릇이라 할 수 있다. 이렇게 삶을 소박하게 단순화시키고 나면 거추장스러움과 번거로움으로부터 벗어나서 홀가분함과 여유로움 속에서 평화와 고요가 자리하게 된다. 이런 정돈된 공간과 정제된 시간을 삶의 본질적 가치로 채우며 초연하고 무심하게 살아갈 수 있게 된다.

이사 가기 위해서 짐을 꾸리며 치우다 보니 빈 공간이 얼마나 넉넉하고 편안한지 새삼 느끼게 되었다. 텅 빈 학교 운동장처럼, 누구든지 와서 신나게 마음껏 놀다 갈 수 있도록 마련된 장소를 독차지한 것 같은 뿌듯함이 들었다. 많은 가능성과 상상력을 발휘할 수 있고 영혼이 자유로울 수 있기에 불필요한 억압과 소모가 허락되지 않는다는 것을 알게 되었다. 그런데도 살다 보니 또 이것저것 생겨나고, 사게 되고 모으게 되어 잡동사니로 채워지는 데는 오래 걸리지 않았다. 그래서 의식적으로 버리고 나누며 물질적으로는 축소지향적인 삶을 살아가려고 노력하고 있다.

곰곰이 생각해 보면 살아가는 데 그리 많은 것들이 필요치 않다. 집안을 채우고 있는 많은 물건들 중에 실제로 사용하는 것은 얼마 되지 않는다. 그런데도 그 모두를 끌어안고 관리하는 번거로움과 수고를 자청하고 있다. 왜 그럴까? 아직도 인류의 의식 속에 남아 있는 가난과 결핍에 대한 무의식적 두려움 때문인가? 아니면 언젠가의 필요를 위해서 비축해 둔 것인가? 그렇다면 과연 그 언젠가는 오기나 할 것인가? 온다면 몇 번이나 될 것인가?

이 시대의 문제는 결핍이 아니라 과잉이다. 과체중, 과소비, 과잉생산 등 지나침이 모자람만 못하다. 그러기에 더 정신 똑바로 차리고 스스로 선택하고 절제함으로써 진정한 자유와 넉넉한 삶, 나다운 삶을 살아나갈 수 있을 것이다. 절제의 아름다움은 그 자체만으로도 가치를 지니지만, 더 나아가서 좀 더 본질과 근원으로 정신을 모을 수 있게 하며 스스로의 개성과 특성을 유지할 수 있도록 돕는다.

손가락의 교훈

지난 여름 순간적인 실수로 손가락을 다쳤다. 친구를 위해 양파차를 만들다가 양파 속껍질에 칼이 미끄러지면서 손을 깊이 베어버렸다. 늦은 밤에 타지에서 일어난 사고여서 긴장했지만 주변의 도움으로 별 탈 없이 치료받을 수 있었다. 그래서 오른쪽 엄지손가락 앞부분에 약간의 흉터만 남기는 것으로 마무리되었다고 생각했다. 그런데 그게 아니었다. 꿰매지 않고도 붙어서 천만 다행이라 여겼는데 손가락은 영 힘이 없고 약간만 스쳐도 아프며 붓고 생활에 불편함이 이만저만이 아니었다. 엄지의 힘을 사용해야 하는 일이 이렇게 많은 줄 미처 알지 못했다. 손가락 하나로 유난을 떨 수 없어 조용히 혼자서 감내해야 하는 어려움이 많았다.

이번의 작은 실수를 통해서 많은 것을 되짚어보게 되었다. 손가락 조금 다친 것도 이런데 마음의 상처는 어떤가? 잊어버리고 털어버렸다고 여겼는데도 조그만 자극에도 상처가 도지고 덧나며 계속 예민하고 민감한 일로 남아 있게 된다. 벌써 몇 달이나 지났는데도 아직도 제 기능을 못하고 있는 엄지처럼 마음의 상처가 아무는 데도 생각보다 더 긴 시간이 필요하지 않을까? 남들이 보기엔 별것 아닌 것 같지만 당사자 혼자만이 감내해야 할 것들이 더 많을 것 같다.

신체적인 아픔이야 의사와 약을 통해서 또는 수술로 비교적 쉽게 낫지만 마음의 상처는 쉽게 다 드러나지도 않고 효과적인 치료법도 마땅히 없는 경우도 많아서 더 힘들고, 남에게 보여줄 수 없어 당사자는 더 힘든 경우도 많을 것이다. 게다가 이런 상처를 감추기까지 해야 하는 경우도 많다. 다쳤던 엄지가 힘을 쓰지 못하는 것처럼, 한번 다친 곳은 다른 곳보다 재발하기 쉬워 마음의 상처가 더 큰 흉터로 자리 잡을 수도 있을 것이다.

그래도 어떡하겠는가? 상처와 불편 속에서 내 삶을 낭비하고 허비할 수는 없으며 남의 이해와 배려만 기대할 수도 없질 않은가? 남모르는 아픔과 불편이 있다고 해도 여전히 내 삶을 지켜나가고 품위를 유지해야 하지 않을까? 따지고 보면 신체적 한계를 가지지 않은 사람이 없고 아픈 기억과 억울한 경험을 당해보지 않은 사람이 이 세상에는 없을 것이다. 타인에 의한 상처뿐만 아니라 본인의 잘못으로 인한 삶의 무게에도 불구하고 삶을 여유롭고 우아하게 이어 나가야 한다. 아니, 더 적극적으로는 그런 상처들 덕에 더 극복하려는 노력이 생겨나며 타인에 대한 이해의 폭이 넓어지고 인간적인 따스함을 전할 수 있게 되지 않을까?

내 삶을 타인의 관용과 이해에 의지해서 살아야 한다면 그것도 참기 어려운 일이다. 어느 누구나 어떤 상황에도 불구하고 나는 나이며 그런 나로 살아나갈 수 있어야 한다. 그런 용기와 신념이 없다면 상처투성이로 그리고 환경과 상황의 희생자로만 남게 될 것이다. 노인의 미소가 더 의미 있고 아름다운 이유는 그들이 스스로의 삶에서 배운 것들을 직접 살아냈기 때문이며 그러기에 그들의 태도에는 위엄이 있다. 그래서 노인의 말 없는 침묵조차 큰 울림을 가질 수 있는 것은 그만큼 세월의 담금질을 견뎌내고 이겨냈기 때문이다. 내가 겪어봤기에 다른 사람들을 더 잘 이해할 수 있으며 그들에게 손을 내밀어 잡아줄 수 있게 된다. 그럼으로써 내 상처와 아픔도 함께 치유될 수 있다. 혼자서 끌어안고 죽어가기보다는 나보다 더 아픈 사람을 위해서 손을 내밀 때 나도 함께 치유될 수 있다.

각자의 수준과 상황에서 나름의 방법으로 소통하고 지지하며 위로를 전할 수 있다. 출근길에 만난 사람에게 수고하라는 말 대신 그냥 웃어주는 것도, 길을 양보해 주는 것도 한 방법이다. 어느 고매하신 분이 한 사람의 친절도를 보면 그 사람의 인격 수준을 알 수 있다는 말을 했을 때 공감할 수 있었다. 불친절하고 통명한 사람은 본인이 먼저 화가 나 있고 만족하지 못하기 때문이다. 타인을 감시하고 불평하는 사람은 우월감에 차 있거나 스스로의 삶이 만족스럽지 못한 사람이다. 그러기에 먼저 나 자신부터 다스리며 추스르고 난 후에 주위를 돌아보며 챙겨주고 후덕한 마음으로 베풀고 포용할 수 있는 아량이 생길 것이다.

내 삶에서 발생한 일에 의해서 상처받고 주눅 든 사람이 아니라 그 어떤 사건이나 운명에도 불구하고 그것들을 통해서 배우고 삶에 대한 이해의 폭을 넓히는 계기로 삼는다면 나에게 일어나는 모든 일을 환영하고 스스로를 키워나가는 계기로 삼을 수 있을 것이다. 그래서 더 풍성하고 넉넉한 삶을 누릴 수 있지 않을까? 삶에 대한 태도는 외부적인 사건에 의해서 결정되기보다는 본인 스스로 삶을 맞이하는 태도에 달렸기에.

반전의 선물

방송에서는 연일 태풍이 몰려오고 있다며 호들갑을 떨고 있었다. 밤에는 폭우와 거친 바람으로 잠을 설치고서 아침에 깨어 보니 여전히 비바람이 세차게 몰아쳐서 키 큰 소나무가 부러질 듯이 흔들리고 있었다. 그래도 어쩌겠는가? 학생이 오지 못해도 일단 선생은 교실에 나타나야 하고 자리를 지켜야 한다는 굳은 사명감과 의무감으로 출발하면서도 두려움이 앞섰다. 광안대교에서는 컨테이너의 출입이 통제되고 차들은 속도를 줄여서 조심스레 지나가고 있었다. 학교에 도착하니 그야말로 적막강산으로 텅 비어 있고 바람 때문에 문이 흔들리고 비가 들이쳐서 복도까지 물바다가 되어 있었다. 늦게나마 나타난 학생들과 수업을 하려니 바람소리와 빗소리가 장난이 아니었다. 이런 궂은 날은 공부밖에 할 일이 없다고 달래가며 수업을 마쳤다.

하필이면 이런 날에 산성에서 모임이 있다니... 걱정을 하면서 차를 타고 가다 보니 금정산 입구에서부터 산사태로 길이 막히고 돌이 굴러온 흔적들이 눈에 들어왔다. 무사히 도착하기를 빌며 가다 보니 기대치 않은 선물들이 주어졌다. 산 곳곳에 물폭탄으로 인해 자연 폭포수가 생겨 풍광이 기가 막혔다. 물안개와 폭포수로 가득 찬 산성은 이제까지 몰랐던 새로운 모습을 선사했다. 공기 또한 신선하며 달디 달았다. 모임장소에 도착하니 이런 날 공부하고 왔다며 다들 반갑게 맞아주었다.

모임을 끝내고 내려오려는데 어느새 거짓말처럼 비가 걷히고 해가 나기 시작했다. 그냥 내려와서 헤어지려니 너무 아쉬웠다. 차나 한잔 하자며 바로 위에 있는 숲속 허브농장으로 가니 분위기가 묘했다. 금방 야외결혼식이 끝났다고 했다. 아이구! 그 가족들은 오늘 같은 날씨에 십년감수했겠다 싶어 내 마음까지 쓸어내려야 했다. 초대받지 않은 셀프하객으로 차와 디저트 그리고 남겨진 꽃다발까지 한아름 선물 받고서 우리는 보답으로 그들의 앞날을 듬뿍 축복해 주었다. 그래도 남겨진 해가 아쉬워 근처에 있는 수목원에 들러보니 폭우로 인해 부산판 나이아가라 폭포가 만들어져 있었다. '나이야 가라'고 마음껏 외쳐도 방해하는 사람이 없는 우리들 차지였다. 수목원을 산책하고 내려오니 산성길이 우리들만을 위해 깨끗하게 비워져 있었다.

아침에 집을 나설 때의 두려움과 거친 상황과는 반대로 모든 일이 아름답게 전개된 하루였다. 그야말로 반전의 하루였다. 어려움과 두려움을 극복하지 못했다면 이런 행운과 즐거움은 없었을 것이다. 폭우 속으로 나아갈 때는 상상조차 할 수 없었던 일들이 벌어졌다.

인생이란 이런 묘미가 있어 신나고 그래서 살만하다. 그래서 끝까지 살아봐야 한다. 중도에 포기하고 돌아서면 누릴 수 없는 축복이 바로 다음 모퉁이에서 우릴 기다리고 있는지도 모른다. 그래서 비를 뚫고서라도, 눈보라 속에서도 헤치며 나아가야 한다. 그래야 봄이 오고 가을이 온다. 아직 가장 아름다운 별은 도착하지 않았다고 어느 시인이 말한 것처럼...

약간의 도전에도 좌절하고 작은 시험에도 포기한다면 찬란한 봄을 맞이할 수 없으며 환희의 태양도 빛나지 않을 것이다. 다양한 도전 뒤에 주어지는 성취감이 진정한 기쁨이 되고 피가 되고 살이 되어 사람을 키우는 자양분이 되는 것이다. 그래서 삶에는 용기가 중요한 미덕이 되며 삶의 다양한 측면들을 두려워하고 피하기보다는 용기를 가지고 직면해 나가다 보면 전혀 기대치 않은 보물이 숨겨져 있기도 하고 행운을 만나기도 한다. 그래서 각 순간을 열심히 살다 보면 삶의 비밀을 스스로 배워나가고 그 맛을 깨쳐가게 된다.

평온한 일상

어릴 적 초등학교 시절 어느 날, 교실 창 너머로 학교 앞에 펼쳐진 논밭을 바라보고 있었다. 더운 날씨에도 허리를 굽혀 일하시는 농부의 힘든 모습을 보다 문득 엉뚱한 생각이 들었다. 내 눈 앞에 펼쳐진 작은 들판에서 곡식을 길러 자녀들을 키우고, 그 자녀들이 또 그곳에서 자식들을 낳으며 살아가는 모습을 그려보자 정말 갑갑해서 달아나고 싶다는 생각이 들었다. 마치 어릴 적 본 다람쥐가 쳇바퀴를 굴리는 것과 흡사하게 느껴졌다. 분명 세상은 이 들판보다 더 넓을 것인데 작은 공간에 갇혀 살아가는 모습이 옹색하고 의미 없이 느껴졌다. 할아버지가 지은 집에서 아버지가 태어나고 다시 내가 나서 살아가고 있는 무한 반복이 지겹고 무의미하게 느껴졌다. 다람쥐를 꺼내서 산으로 돌려보내고 싶었던 충동이 되살아났다.

그 시절 우리들이 배운 동요 중에 '냇물아 흘러흘러 어디로 가니? 넓은 세상 보고 싶어 바다로 간다'라는 가사가 있었다. 나도 냇물이 바다로 가듯이 좁은 시골구석에서 벗어나서 세상이라는 바다로 가고 싶었고, 넓은 세상 구경도 하고 싶었다. 그때부터 내 소원은 고향을 벗어나는 것이었다. 드디어 도시로 이사가게 되었을 때 좋아서 뒤도 돌아보지 않았다. 중학교 졸업 후 서울로 가면서 두려움보다는 기쁨이 앞섰다. 대학원 졸업 후 유학을 가면서 걱정스러운 눈으로 바라보는 가족은 안중에도 없이 신나서 팔딱팔딱 뛰어갔다. 나의 세상구경과 모험은 이렇게 이어졌다.

어릴 적엔 집 앞으로 버스가 지나가도 어디로 가는지 궁금했고, 누가 무슨 일로 가는지 알고 싶었다. 먼 산 너머에는 누가 사는지, 그곳엔 무슨 일이 일어나는지 가보고 싶었다. 어린아이다운 호기심으로 가득 찼던 시절이었다. 그래서 유달리 많이 다녔고, 가보고 싶은 곳은 얼추 다 가 보았다. 그러다 세상의 유람 끝에 돌아와서 일상에 충실하고 있다. 그렇게 지겹고 무의미하게 느껴졌던 평온한 일상이 도리어 고맙고 충족감이 든다.

무엇이 날 이렇게 바꾸어 놓았는가? 나의 호기심을 어느 정도 채우고 난 뒤에 알게 된 사실은 사람 사는 모양새가 얼추 비슷하다는 것이다. 그래서 이제는 더 이상 얕은 호기심은 없다. 더 이상 어디로 가야 한다는 생각보다는 지금 여기에서 내가 할 수 있는 일을 해야 한다고 여긴다. 내가 지금 이곳에서 한 일이 세상 다른 곳에도 영향을 미치며 지역적인 것이 곧 세계적인 것이고 지금의 일이 바로 역사의 한순간이라는 사실을 안다.

저곳이 아닌 바로 이곳에서 삶의 의미와 가치를 채울 수 있음을 안다. 이제는 젊음과 방랑의 유랑 길에서 돌아와 거울 앞에 앉게 되었다. 그렇게 지겹던 일상이 얼마나 소중한지도 알고, 하루하루의 평온함에 감사하며 무심하게 살아가고 있다.

이제는 하루하루가 똑같지 않다는 것도 안다. 도망치듯 떠난 사람들이 왜 때가 되면 다시 돌아오는지도 알게 되었다. 여행을 떠날 때와 돌아올 때는 분명 다르며 그 달라짐을 위해서 가는 것이다. 고향을 떠난 청년이 돌아올 때는 분명 존재와 삶의 의미가 달라졌기 때문이다.

꿈과 허상, 환상의 실체를 알아버렸고 그래서 버릴 것은 버리고 무엇이 더 소중한지를 아는 깨달음을 가지고 돌아온다. 그런 앎을 얻기 위해서 그렇게 많은 시간과 혈기라는 큰 비용을 지불한 것이다. 그래서 지친 몸이지만 평온한 마음으로 일상에 복귀할 수 있게 된 것이다.

삶은 나의 호기심과 욕망을 채우기 위한 것이 아니라는 것을 알게 되었으며 더구나 삶의 가치와 진정한 의미는 나로부터 나오는 것이 아니라는 것을 알게 되었다. 삶은 이미 충분한 의미와 가치를 지니고 있다. 나라는 작은 아상에서 벗어나 삶의 흐름과 함께할 때 진정한 삶을 누리게 되며 나의 의미와 가치도 빛을 발하게 되는 것이다. 이제는 욕망과 허상의 신열에서 벗어나서 순리와 도리를 따라 나답게 살아가는 소박한 일상에 잔잔한 충족감을 느낀다.

장마 속의 하루

따가운 햇볕 아래 빨랫줄의 세탁물들이 게으르게 일렁거리며 말라가고 있다. 양말, 속옷, 수건, 바지 그리고 흙물이 든 장갑, 줄 끝에는 제비와 잠자리도 내려앉곤 한다. 텅 빈 마당에서 파란 하늘을 배경으로 펄럭거리며 말라가는 빨래들, 참 평화롭고 여유로운 풍경이다. 지극히 일상적이고 대수롭지 않은 풍경이 어쩌면 이리도 귀하고 아름답게 느껴질까? 별 생각 없이 멍하니 바라보다 나도 모르게 빠져들어 눅눅했던 내 마음조차 보송보송 말라가고 있다.

저녁에는 일찍 요기를 하고 평상에 나와 앉아서 앞산의 대숲을 바라보며 어둠이 내리는 축복을 지켜보았다. 대숲과 감 밭을 분주히 오가며 조잘대던 새들마저 날아가고 나니 사방은 어둠 속에 잠겨 고요 그 자체였다. 멀리서 간헐적으로 들리는 짐승 쫓는 폭죽 소리 외에는 미동도 없었다. 인간이 만든 소음들이 사라지자 땅거미로 이불을 덮어주어 휴식 속으로 녹아들게 했다. 마치 어머니가 나지막이 불러주던 자장가처럼 스르르 빠져들어 쉬게 만들었다.

창틀마다 정물화와 풍경화가 걸리는 아침이 밝아오자 시간에 구애받지 않고 느림보 걸음으로 또 하루를 시작했다. 이렇게 눈만 돌리면 다 풍경이고 그림인 집에는 별 다른 인테리어가 필요치 않다. 천지사방이 다 그림이고 천연의 살아 있는 장식품으로 눈만 아니라 영혼까지 채워준다. 땅과 마당을 대신해서 키우는 화분과 꽃도 여기서는 그 의미가 퇴색된다. 한밭을 가득 채우고 있는 망초와 길에도 널브러져 있는 나팔꽃, 접시꽃, 뫼꽃, 때마다 피어나는 감꽃과 복사꽃, 깨꽃이 밭을 채우고 있는 더 넓은 자연의 화원에 비하면 내 집 안의 작은 화분은 어린애 장난감 같은 모형에 지나지 않는다. 집안을 가득 채운 그 많은 물건들과 끝없이 이어지는 소비와 낭비, 그럴수록 더 부풀어 가는 욕망과 그 허망함들. 이 모든 것과는 상관없이 이어지는 단순하고 소박한 삶과 여유로움, 그 속에서 자연의 리듬과 함께 호흡하며 지내는 시간이 새털처럼 가볍다.

밭에도 나가보고 장독대로 씻어주고 눅눅해진 이불도 말리고 빨래도 하며 장마 틈에 내민 햇살을 아껴가며 허투루 보내지 않았다. 마당에 자라난 잡초도 뽑아주며 하루가 평온하게 흘러

갔다. 시간에 쫓길 일도 없고, 욕심 부릴 것은 더욱 없는 소박하고 단순한 삶이 느리게 이어졌다. 이런 소박함과 단순함 속에서 좀 더 삶의 본질에 초점을 맞추며 살아가는 것이 내가 원하는 나다운 삶이다.

끝없이 사람을 부추기며 현혹시키는 광고와, 사야만 할 것 같은 충동을 일으키게 하는 상업주의라는 물귀신으로부터 벗어나서야 비로소 자연이 전하는 소박하고 단순한 삶의 의미를 되새기게 되고 자연의 일부로서의 내 영혼의 자유로움과 생기를 회복할 수 있게 되었다. 숨 가쁘게 뛰지 않아도, 흥분해서 외치며 투쟁하지 않아도 생명은 어김없이 이어지고 있다.

장마 속에서도 감 밭에는 살 오른 아가 볼처럼 풋감이 오동통하게 커가고 길가의 옥수수는 장대비 속에서도 굳건히 버티며 알알이 영글어 가고 있다. 새들은 부지런히 날아다니며 먹이를 찾고 잠자리도 공중곡예를 하다 마당을 빙빙 돌면서 유희에 빠져 있다. 아마 이런 날은 조물주도 할 일이 없어 낮잠에 취해 있다 일찌감치 잠자리에 들 것 같은 하루였다.

이런 평온한 한가로움 속에서 넉넉한 마음으로 나를 되돌아보게 된다. 지금 나에게 주어진 시간과 기회의 의미는 무엇인가? 나를 통해서 드러나고자 하는 것은 무엇인가? 내가 이 땅에 표현해 내야 하는 것은 무엇인가? 쉽사리 답이 주어질 것 같지 않은 화두를 안고 마당으로 나서자 대숲에서 불어오는 바람이 전하는 말씀, 그런 번잡한 마음마저 내려놓고 그냥 살라고 한다.

하늘에 떠가는 저 구름처럼, 집 앞의 강물처럼. 어디에도 머물지 않고 걸리지 말고 무심히 흘러가라 한다.

머물지 말고 걸리지 않고 무심하게... 그러고 보니 내 속에 걸리는 것이 한두 가지가 아니다. 흘려버리지 못하고 쌓여서 썩어가고 있는 것들도 부지기수다. 그래, 내 속의 쓰레기들을 이번 장맛비에 흘려보내자. 영광스럽고 소중하다고 여겨지는 것들조차도 이제는 보내고 버리며 어디에도 머물지 말자. 그래서 공중을 나는 저 제비처럼 잠자리처럼 가볍게 살자. 먼 산봉우리에 다짐하며 걷다 보니 강둑을 가득 채운 소박하기 그지없는 망초무리가 새삼 더 예쁘고 사랑스럽게 느껴진다. 나도 저 들꽃처럼 무심히 피어나리라.

봄 친구

해마다 봄이 되면 잊지 않고 나를 찾아오는 오랜 친구가 있다. 요즘은 하나를 더 데리고 온다. 이 친구는 나를 얼마나 잘 기억하는지 내 기억에 한 해도 빠짐없이 찾아오고 있다. 그리 달갑진 않지만 찾아오는 친구를 마지못해 온몸으로 맞이하지만 좀 얄미운 구석이 있다. 하필 나타나는 때가 내가 한창 봄기운에 들떠 흥분하고 있는 식목일 전후에 나타나서 내 봄의 환희와 감동에 초를 치고 마는 참 얄궂은 친구다.

한 번은 이 친구를 떼어버리려고 여러 사람과 의논을 해보았다. 전문가들은 내가 그 친구를 막을 수 있는 방법이 없지 않다고 했다. 그러나 내 체질상 그 친구의 방문이 나에게는 새로운 환경과 계절주기에 적응력을 키우는 면도 있다고 해서 그냥 받아들이기로 했다.

사방에서 피어나는 꽃들로 흥분하고 있을 때 시샘이라도 하듯 이 친구가 불쑥 들이닥친다. 온몸이 불덩어리가 되고 목이 아파 잠을 설치고 젖은 솜뭉치같이 몸이 무거워서 일어나지도 못하게 만든다. 휴지를 몇 통을 다 쓰고 나서야 이 친구는 서서히 물러선다. 내 체질상 추위에 약하다 보니 겨우내 소진된 체력 때문에 발생하는 현상이라고 한다. 그래서 지난번 겨울엔 단단히 마음먹고 체력을 키우기 위해서 많은 노력을 기울였다. 그래서인지 다른 이유 때문인지는 모르겠지만 그런대로 쉽게 넘어가고 있지만 그래도 꼭 나를 드러눕혀 굴복시키고야 만다.

그래도 나이가 있다 보니 내 몸을 사용하는 방법에도 익숙해져서 이리저리 방안들을 스스로 만들어 본다. 그리고 찾아오는 손님을 기꺼이 받아들이며 함께 노는 법도 배우고 있다. 그래도 내 나이에 이만큼 움직일 수 있다는 사실에 감사하며 누가 언제 찾아와도 기꺼이 맞이하려는 마음으로 노력 중이지만 쉽지는 않다.

어디 몸에 관한 것뿐이겠는가? 무슨 일이 벌어져도 이제는 담담하고 우아하게 맞이하고 싶다. 흥분할 힘이 모자라기도 하지만 흥분한다고 되는 일도 없다는 것을 경험적으로 알기 때문이다. 그리고 어차피 일어날 일은 일어나며 그래도 삶은 계속된다는 사실도 잘 알고 있다.

폭풍 속에서도 고요함을 유지할 수 있는 눈이 있는 것처럼 무슨 일이 벌어져도 적절히 다룰 수 있고 인격에 상처받지 않을 방법이 있다는 것을 알고 있다는 사실이 다행스럽다. 이만큼 살다 보니, 오는 이를 피하지도 말고 가는 이를 붙잡지도 말아야 한다는 것쯤은 익히 알고 있고 이런 오고 감이 나의 의지와는 무관하다는 것도 알고 있다. 이렇게 보면 삶에 대해서 상당히 달관한 것 같다. 사실 세속적인 일에 관해서는 점점 더 달관의 경지에 가까워지고 있다. 그래서 살아가는 모양새와 이유도 달라지고 있다. 삶에서 지나치는 구름과 바람이 없을 수 없고, 꽃이 피고 지는 것도 막을 수 없다. 그래서 조용히 받아들이고 그 순간의 축복에 감사하며 배워나갈 수 있다면 모든 것이 기회가 되며 축복일 수 있다. 불행과 고통은 저항과 거부에서 생겨나며 전개되는 순리에 의해서가 아니라 스스로 상처 입게 된다. 그럼에도 불구하고 남 탓을 하며 내 상처와 짐들을 스스로 키워 나왔다. 바로 여기에 해탈과 해방구의 문이 열리게 된다. 잘못된 원인을 남 탓으로 여기지 않고 스스로에게 돌리게 되면 그러면 내 삶을 스스로 주관할 수 있고 주인이 될 수 있다. 그래서 자신의 능력 범위 내에서 선택할 수 있고 책임질 수 있게 된다. 그렇다고 해서 내가 우주의 주인이 되는 것은 아니다. 삶은, 생명은 나의 의지와는 상관없이 굴러가며 나는 그 흐름을 따르거나 거역할 수 있는 선택권이 있을 뿐이다.

이 나이쯤 되면 작은 나의 세계는 내 손에 달렸지만 더 큰 삶은 내가 수용하고 그 흐름을 따라서 함께해야 한다는 것을 경험적으로 알고 있다. 나를 넘어선 정교한 질서인 우주적 지성에 따라서 삶이 움직이고 계절이 오고 감에 감사할 따름이다. 결국 나도 그 지성의 산물이며 작은 한 조각에 불과하다. 그러니 더 큰 모집단에 포함되며 그 속에서 바른 나의 방향성을 잡아야 한다. 이런 관점에서 보면 내가 할 일은 단지 나의 세계를 가꾸고 돌보는 것이며 그럼으로써 우주적 질서에 합류하는 것일 뿐이다.

시절과 계절이 어김없이 오듯이 나의 시간표도 흘러가고 있다. 아무 의미 없이 그냥 왔다 가는 존재이기보다는 나만이 이루어야 하는 소명이 있기에 보내졌고 그래서 그 할 일들을 다 하게 되면 다시 자리를 비워주어야 한다. 그러면 그 다음 주인공이 무대에 등장해서 그들의 소명을 다할 것이다. 이렇게 큰 그림 속에서 나를 위치시키게 되면 자질구레한 것들은 별 의미를 갖지 못하고 뒤로 물러나게 된다. 그래서 더 초연하고 더 여유롭게 내 생명의 비밀을 드러내는 일에 집중하게 된다. 이 나이가 의미를 지니는 이유 중 하나는 이렇게 큰 그림 속에 자신을 비추어 볼 수 있는 여유가 생기며 그런 안목 속에서 초연해질 수 있기 때문이다. 어깨 위의 잡동사니 짐들을 내려놓고 여유롭게 하늘을 바라보고 손으로 바람을 느끼며 나의 본향인 우주의 맥박과 숨결에 귀 기울일 수 있기 때문이다.

노인이 도인이 되고 신선이 될 수 있는 경지는 삶의 과정을 충실히 살았기 때문이며, 저 산 속에서 홀로 도를 닦는 것이 아니라 바로 내가 있는 이곳에서 나의 작은 도를 실천하며 도인과 신선의 면모를 발할 수 있기 때문이다. 그 모습이 우리 모두의 참 모습이며 우리 자신의 본성이기 때문에. 그래서 도는 만드는 것이 아니라 깨치는 것이며 닦아 나가는 것이다. 껍데기 속에 감추어져 묻혀버린 본성을 찾아내며 그 빛을 밝히는 것이다.

종착지를 바라보며

사실 나 같은 보통사람은 살면서 죽음을 망각하거나 외면한 채 나와는 별 상관없는 먼 나라 얘기쯤으로 여기며 지금껏 살아왔다. 그런데 이 나이가 되어보니 어느 날 갑자기 죽음이 바로 문 밖에서 기다리고 있다는 것을 알게 되었다. 이런 사실을 인식하는 순간 적잖은 충격을 받았다. 마치 나만이 쓸쓸히 무대에서 강제퇴장 당해야 하는 것 같은 느낌이 들어서 외롭고 슬프기도 했다. 그동안 살아온 과정들이 주마등처럼 스쳐 지나가며 한순간이라는 생각이 들었고 후회스러운 일도 많았다. 그러나 어쩌겠는가? 우물쭈물하다 다 놓쳐버린 것이 나 혼자만의 이야기가 아니라는 사실에 약간의 위로를 받기도 했다. 내가 처한 나이와 위치가 정말 그렇다면 이런 상황을 수용하고 어떻게 살 것인가를 고민해 보기로 마음먹었다. 그래야 그나마 남겨진 시간이라도 후회 없이 살아갈 수 있을 것이기에.

그렇게 현실을 수용하기로 마음먹고서 가만히 따져보니 이런 죽음에 대한 인식이 내 삶에 전혀 새로운 지평을 열어준다는 것을 자각하게 되었고, 삶에 대한 안목이 바뀌는 경험을 하게 되었다. 이 중에서 가장 큰 깨달음은 죽음을 바라보는 삶이 바로 진정한 삶이라는 것을 알게 된 것이다. 지금처럼 종착지를 직면하기 전에는 시간이 무한할 것처럼 여겨 매 순간에 집중하지 않고 대충 건성건성 살아왔다. 영원히 살 것처럼 지금 이 순간보다는 내일로 미루는 일이 더 많았고 다음에 시간 나면 아니면 기회가 되면 하겠다고 미루는 일이 다반사였다. 그러나 지금은 시간의 유한성을 인식하기에 짧은 순간조차도 알차게 보내려고 노력하고 있다. 어떤 기회가 왔을 때도 미루지 않고 지금의 기회를 놓치지 않으려 한다.

그러다 보니 이전과는 확연히 다른 삶의 밀도와 강도를 가지게 되었다. 정확하게 표현하자면 이제야 비로소 진정으로 삶을 누린다는 느낌이 든 것이다. 언제 어디서 주어질지 모르는 퇴장 신호를 의식하며 마치 이 순간이 전부인 양 몰입하고 긴장하며 내 생의 마지막 순간처럼 아끼며 알뜰하게 채워나가고 있다.

물질이라는 측면에서도 그렇다. 모아서 저축해야 하기에 아껴야 했고 그래서 주변을 충분히 돌아보지도 못했고 스스로도 억압하며 살아온 측면이 많았다. 그러나 지금은 마음 편하게 지갑을 열고 의미와 가치를 찾아서 전하게 된다. 가족끼리 한 농담처럼 돈 쓸 시간도 얼마 남지 않았으니 쓸 수 있는 기회가 주어졌을 때 마음껏 쓰고 베풀어야 한다고. 그뿐만 아니라 사람을 대하는 태도에도 많은 변화가 일어나고 있다. 지금 나에게 주어진 사람과 일이 이 세상 마지막인 것처럼 여기다 보니 최선을 다하고 성의를 다하게 된다. 함부로 짜증내던 것들을 이제는 너그러움과 관용으로 대하게 되며 다시는 만나지 못한다 해도 후회하지 않기 위해서 집중하고 노력하게 된다.

이전에도 한때 죽음을 놓고 다툰 적이 있었다. 장애인복지관 일을 하면서 대적하지 못할 진상들을 만났을 때 하다 하다 안되면 마지막으로 내가 배짱을 부리며 '나는 지금 죽어도 호상'이라고 선언하며 버텼다. 그땐 정말 그렇게 죽을 각오까지 했었다. 그래도 그땐 내가 스스로 퇴장하는 것이지 강제로 퇴장당하는 것이 아니어서 호기를 부렸다는 생각이 든다. 그러나 지금은 치기 어린 죽음이 아니라 자연적 소멸이라는 죽음 앞에 서니 또 다른 선택과 해방감을 느끼게 된다. 지금 죽어도 여한이 없고 살만큼 살았으니 걸릴 것도 없고 죽음도 두렵지 않는 선택을 할 수 있기에 진정한 해방감과 자유로움을 경험하게 된다.

이런저런 생각들을 하면서 이제야 비로소 진정으로 사는 것 같이 살고 있으며 이렇게 사는 태도가 진정한 삶의 자세가 아닌가 하는 생각이 든다. 정말 이제야 비로소 진정한 자유로움과 해방감 앞에 또 다른 희열을 느끼게 된다. 여기서 말하는 자유와 해방감은 내 멋대로 하고 싶은 대로 하겠다는 방종이나 자포자기가 아니라 언제 어디서나 나답고 나다움으로 살아갈 수 있다는 것이다. 그럼에도 불구하고 숲과 바다를 지나치는 바람처럼 어디에도 걸리지 않고 흔적도 남기지 않지만 생명을 키우고 돌보며 사랑을 전하는 그런 바람이며 낮은 곳으로 흘러 마침내 바다에 이르는 물처럼 되는 것이다. 아니면 한 알의 밀알이 썩으며 또 다른 생명으로 이어지는 진리와 생명의 순환을 위해 기꺼이 몸 바치는 것이다.

굴레를 벗고서

생각해 보면 지금까지의 삶이란 사회적이고 경제적인 활동으로 생존을 위해서 나를 희생하며 원하지 않는 일도 해내야 하는 의무감과 책임감으로 이어온 무거운 짐 같은 것이었다. 그러나 이제는 그 모든 굴레와 멍에로부터 벗어나서 온전히 나다운 삶을 꾸려갈 수 있고 직접적인 사회적 책무에서도 벗어날 수 있게 되었다. 이렇게 마음 가볍게 시간에 매이지 않고 책임에 쫓기지 않으며 온전히 자유롭게 선택해서 살아갈 수 있다는 사실이 신기하기조차 하다.

그동안의 긴 사회적 책임과 일에서 이제야 해방되었으며 세상에서의 업을 벗어나고 사회적 굴레를 떠나서 자유인이 된 것이다. 이 얼마나 축하할 일이며 축복된 순간인가? 사람들은 인간은 사회적 동물로 사회적 관계 속에서 살아가며 그 속에서 의미와 가치를 찾아간다고 한다. 물론 그런 면이 있다. 그러나 이 나이쯤에는 사회적 관계에서 퇴출당하고 소외되는 것이 아니라 자연스럽게 해방되어 자기 존재를 돌보고 직면하며 진정한 삶의 가치와 의미를 추구하는 존재의 본질에 몰입하는 시간으로 마무리하는 것도 멋있지 않은가? 일반적 의미에서 이것을 퇴직, 사회적 고립이라며 고독감 속에서 혼자 병들고 죽어가는 것처럼 부정적 이미지로 만들고 있다. 그러나 다른 시각에서 보면 이제야말로 가장 축복받은 자신만의 시간으로 삶의 의미와 가치를 새겨 나가고 정리해 나가는 귀한 기회로 생각된다.

인도인들처럼 성장해서 사회적 책임을 다하고 나서는 도를 닦아야 한다. 그래서 이제부터는 생존을 위한 일 중심이 아니라 삶과 존재 자체에 집중하며 좀 더 근원과 본질에 충실한 삶을 누릴 수 있을 것이다. 이것은 내가 바라던 것으로, 내가 그렇게 살고 싶어 했던 삶다운 삶이다. 지금부터는 진정으로 사람과 삶의 본래적 모습과 본연의 자세를 취하며 새롭게 살아갈 모험과 도전으로 희망과 기대가 차오른다.

아직도 삶과 생명에 대한 절박함과 절실함이 이렇게 순간순간 차오르는 것은 여전히 내 심장의 피가 뜨거우며 더 많은 도전과 모험을 원하고 있다는 것이다. 자포자기하고 스스로 꺼져가는 모닥불처럼 사그라지는 삶이 아니라 마지막 기회조차 놓치지 않으려는 용기와 열정이 남아 있기 때문이다. 하여 더 깊은 사색과 삶의 본질에 대한 탐색으로 세상을 더 사랑하고 더 깊은 본질과의 교류를 통해서 배우고 성숙해지고 싶은 욕구가 남아 있다.

가족여행을 떠나기로 한 친구가 치매로 요양병원에 계신 큰 언니를 여행에 함께 모시고 가자는 제안을 했다. 병원 측에서는 극구 말리며 겨울이라 감기 걸리기 십상이며 골절상이라도 당하면 안 된다고 했고 조카도 걱정을 앞세웠단다. 그러나 나는 감기가 걸려도 좋고 부상을 당하는 일이 생겨도 어쩔 수 없으니 조심해서 모시고 가라고 권했다. 안전하게 죽어가는 것보다는 살아 있는 동안 사는 것 같이 사는 게 더 중요하지 않은가? 죽음의 수준을 높일 것이 아니라 삶의 수준을 높여야 한다. 그래서 버킷리스트가 만들어지기도 한다. 그러나 소망하는 일을 하기 위해서 꼭 마지막 순간까지 기다릴 필요는 없다. 언제든 일정한 나이가 되면 더 이상 다음으로 미루는 습관에서 벗어나서 지금, 바로 이 순간을 누리며 살아야 한다. 스리랑카의 한 토속마을의 이름이 '미무래'라고 한다. 토속어로 다음으로 미루지 말고 지금에 머무르며 살아가라는 뜻이라고 한다. 핀란드어에는 미래시제가 없다. 깊이 생각해 볼 가치가 있는 말들이다.

나이가 들면 마치 벼랑 위를 걸어가는 듯한 스릴이 느껴지는 삶을 살게 된다. 어떤 위험이 바로 눈앞에 닥칠지 모르며 다음을 기약할 수 없는 삶이기 때문이다. 그것이 현실이라면 그래서 어쩌겠는가? 그 순간의 스릴을 만끽하며 살아가는 것도 멋지지 않은가? 어차피 죽을 것이라면 하고 싶은 대로 하다 가는 것도 나쁘지 않을 것이다. 생각해 보면 삶이란 원래 그렇게 모르는 것이며 그런 모험의 과정이지 않은가? 단지 그것을 망각하고 착각하며 살았을 뿐이다.

우리 삶의 과정에 모험이 없었던 적이 있는가? 특히 한국사회에서 내가 겪은 삶은 격동적인 모험으로 어떤 면에서는 외줄타기와 같은 긴장감의 연속이었다. 물론 우리 부모세대에 비하면 덜하지만 그래도 다른 나라에 비하면 불안과 긴장 그리고 사회적 압박과 정치적 폭력이 난무하던 시대였다. 그러나 삶 자체가 이런 모험으로 스릴을 즐기고 누리는 자만이 경험할 수 있는 멋진 여행 아닌가? 북유럽 여러 나라처럼 안정되고 보장된 사회에서 자라난 사람들은 삶에 긴장감이 없으며 노력해서 성취해낼 것도 큰 변화도 없는 속에서 나른하고 맥 빠진 모습으로 살아가는 것을 볼 수 있었다. 그러기에 안전과 평안함이라는 나락 속에서 지루하고 재미없이 서서히 추락하며 사라질 것인가? 아니라면 가슴 뛰는 다른 모험을 택할 것인가?

석양이 찬연하고 아름다운 것은 그것이 의미하는 사라짐과 어둠 때문이다. 그러나 그 어둠이 있기에 별이 빛나며 새로운 아침이 준비될 수 있다. 어떤 사람은 아침에 자리에서 일어나며 오늘도 스스로 일어날 수 있게 해주셔서 감사하다는 기도를 드리고서 오늘이 생애 마지막 날처럼 살아간다고 한다. 그러기에 거리에서 만나는 사람 모두에게 애정 어린 눈길을 보낼 수 있고 지나치는 돌멩이도 새롭게 느껴진다고 한다.

최악의 사태로 만약 못 걸어 다니면 어떤가? 걷지 못한다 해도 삶에 대한 감사는 가슴에서 우러날 수 있지 않는가? 미래는 누구도 알 수 없는 것, 두려워하고 불안해한다면 한도 없고 끝도 없다. 그러기에 부정적이고 소모적인 감정을 떨쳐버리고서 지금 당장 할 수 있는 일을 하며 지금 이 순간 주어진 삶이라는 축복을 온전히 누릴 수 있어야 할 것이다. 그래야 마지막일지도 모르는 기회를 후회 없이 즐기다가 그날이 오면 미련 없이 떠날 수 있을 것이다.

태산목 꽃

드디어 창문 앞 태산목에 꽃이 피었다. 얼마나 마음 졸이며 기다리던 꽃인가? 다른 곳에서는 후박이 이미 꽃이 피고 진 지 오래되었다. 태산목이 조금 늦게 핀다는 것은 알고 있었지만 그래도 감감 무소식에 혹시나 하는 마음에 매일 아침 기도하는 심정으로 지켜보았다. 그래도 영 기미가 보이질 않아서 영양제라도 뿌려주고 싶었다. 그러다 잘못되면 큰일이다 싶어 스스로 살아나기만을 바랐다. 그러더니 며칠 전 작은 송이 하나가 얼굴을 내밀어 나를 반겨주었다. 그래, 살아줘서 고맙다. 지난 태풍에 큰 피해로 고생한지라 나무 상태가 전반적으로 좋지 않았다. 잎도 무성하지 않고 작으며 윤기도 없어 보여 나무에 무슨 변이 일어났는지 몰라 혼자서 지켜보며 가슴만 태웠다.

도심의 정원에서 자라는 나무는 좀 안쓰럽다. 마치 아파트에 갇혀 자라는 아이들처럼. 깊이 뿌리 내리지도 못하고 매연에 시달리며 콘크리트 틈 사이에서 살아나려니 얼마나 힘이 들까? 매일 뛰지 말라는 잔소리 들으며 사는 아이들처럼 측은하기까지 하다. 그래서 더 귀하고 더 애정이 간다. 태산목이 사라진 내 집 앞 창문은 상상조차 힘들다. 유리창 너머로 우아한 모습을 드러내는 눈 맞춤만으로도 얼마나 행복한지 모른다. 한여름에는 기름칠 한 것 같은 이파리가 지친 나에게 생기와 활력을 돋워준다.

꽃 소식을 묻는 전화가 몇 번이나 걸려왔고 학교 앞 절에는 후박 꽃향기가 가득하다는 자랑도 들었고 이제는 다 져가고 있다는 소식도 들은 지 한참이 되었다. 그런데도 요지부동으로 꿈쩍 않더니 지금은 네 송이나 피어 우아한 자태를 뽐내고 있다. 아침부터 주변의 새들이 몰려와서 재잘거리는 것이 초등학교 교실만큼 소란스럽다. 그 맑고 상쾌한 소음에 나도 자꾸 손을 멈추고 눈길을 보내게 된다.

한 그루의 나무가 전하는 품위가 대단하며 꽃의 기품과 우아함이 비길 데 없다. 청아하고 격조 있는 자태에 나도 모르게 매무새를 가다듬게 된다. '맑고 향기롭게'라는 슬로건이 떠오른다. 그래서 법정스님도 후박나무를 뜰에 심었나 보다. 나도 저런 모습이고 싶다. 나이 들면서는 더 그런 마음이 간절해진다. 세상의 추함과 눅눅함에 젖어들지 않고 흐트러지지 않는, 그래서 그윽

한 향기로 위로가 되고 희망을 전하는 존재이고 싶다. 세상이 지저분하기에 더 품위 있는 존재가 그리워진다. 그래서인지 꽃이 전하는 자태가 더 가치 있고 귀하다.

태산목과 함께 겹쳐지는 인물이 있다. 거창 선생님과 은주다. 거창집 앞마당의 커다란 후박나무와 사는 사람들이 서로 닮았다. 후박처럼 넉넉하고 편안하며 향기로운 삶을 사신 분이다. 은주도 그렇게 살아가고 있을 것이다. 꽃은 매년 피어나서 향기를 전하지만 사람은 살아 있는 동안에만 향기를 전하는 것 같지만 기억하는 이들 가슴 속에 존재한다. 나를 기억하는 사람들에게 나는 어떤 모습과 향기로 남을지 궁금하다. 나의 매일의 일상이 후박나무와 태산목처럼 맑고 의연한가? 지나가는 구름처럼 피어나는 허접한 기억들과 알 수 없는 분노로 내 안에서 상해가고 악취를 풍기지나 않을까? 친절과 여유보다는 조급함과 편협함으로 나잇값을 못하는 건 아닌지...

올 해도 잊지 않고 찾아준 꽃이 내 속의 많은 것들을 되돌아보게 한다. 세상의 향기가 되라고, 한 줌의 맑은 샘물과 같은 존재가 되라고. 그렇게 멋지고 아름다운 존재가 되는 법을 제 모양새로 먼저 전해주고 있다. 내가 태산목 꽃을 좋아하는 이유도 그런 존재이고 싶은 마음에서 나온다.

후박나무를 통해서 후박꽃 같은 자태와 향기를 배우게 된다. 세상에 후박나무가 여기저기 존재하는 이유를 알 것 같다. 그 같은 존재를 알고 닮고자 하는 사람들이 많은 까닭이다. 그래서 산에는 산목련, 시골마을에는 태산목, 학교 교정에는 후박나무, 일본에는 일본목련 등의 엇비슷한 이름과 모습으로 세상에 멋지고 고고한 아름다움을 전하고 있다. 이런 선함과 아름다움에 대한 존중이 있는 한 우리가 그런 존재로 조금씩 나아갈 것이다.

지난밤 비에 꽃잎이 누렇게 변해버렸다. 비 때문만은 아니지만 낙화 직전의 모습이다. 누가 세월과 시간을 이길 수 있으랴! 사라질 준비를 하면서도 여전히 여유롭다. 그래, 사라져야 한다. 그래야 새로운 생명이 태어날 수 있고 세상의 정화가 일어날 수 있다. 묵은 것들은 가고 새롭고 연한 것들이 새 세상을 만들어 나갈 것이다. 벌써 다른 봉우리들이 피어나고 있다. 이렇게 이어지는 생명의 법칙 앞에 나도 예외일 수 없다. 내 뒤에 다른 생명이 또 이어지며 피어날 것이다. 이 또한 아름답지 아니한가!

사라지는 것들

친구 한 사람이 세상을 떠났다. 그가 세상을 버린 것이다. 그렇게 빨리, 갑자기 가버리다니... 본인은 자신의 삶을 실패로 인식했나 보다. 그럼 어떤 삶이 성공한 것인가? 남들처럼 사는 것인가? 그게 무슨 의미가 있을까? 그래도 몇 가지는 있어야 할 것 같다. 적어도 노후에 쪼들림은 없어야 한다. 고통도 없어야 하고. 그런 면에서 아마도 실패했다고 느낄 수도 있을 것 같다. 더 큰 생명의 원 안에서 자신의 의미를 찾지 못하다 보니 극단적인 선택을 하게 된 것 같다. 이해는 가지만 그래도 잘한 일이라 여겨지지는 않는다.

그럼 나는 어떻게 살아야 하나? 나다운 삶은 어떤 것인가? 하루하루를 배우고 경험하며 자신을 익히는 자세로 살고 싶다.

그러지 않고 좁은 이기심 속에서는 어떤 것도 의미를 가질 수 없다. 그 속에서는 교만과 과욕이 넘치게 된다. 자신만이 가지려하고 작은 자기 속에서 만족을 얻으려 한다면 결국은 열등감에서 벗어날 방법이 없다. 더 큰 생명의 원 안에 스스로를 던질 때 그 속에서 나의 삶도 의미를 가지게 된다.

인생은 껍데기도 아니며 허무는 더욱 아니다. 나무는 무심히 자라 나무로서의 의무와 도리를 다한다. 이 땅에 없어서는 안 될 산소를 공급하고 피곤한 사람들에게는 그늘로 쉼터를 제공하며 아픈 눈의 피로를 풀 수 있도록 초록으로 물들이다 추위를 막을 수 있는 땔감이 되어주기도 하고 소녀의 감성을 자극하는 꽃과 단풍이 되기도 한다. 그리고 땅에 떨어져 거름이 되어 마침내 다른 생명을 키워나가게 된다.

나무가 그런 것처럼 나도 그렇다. 내 작은 헛된 욕망과 망상을 이루는 것이 아니라 살아가는 과정에서 이루어야 하는 생명의 본질을 이루고 채우며 나름대로 삶의 의미와 가치를 경험하며 살아간다. 가족, 이웃과 친구 그리고 이 땅에 내가 살아감으로써 이루어야 할 생명의 도리를 하면서 살아가야 한다. 의미와 가치는 내가 살면서 스스로 만들어 나가는 것이다. 그래서 모든 생명은 생명의 바다로 향한다. 내 삶도 작은 도랑과 개울을 이루며 더 큰 지혜와 해탈의 바다, 궁극의 바다로 흘러가고 있다.

그래서 나도 바다로 나갔다. 마침 모래축제행사의 불꽃이 튀어 올랐다. 정말 현란하고 황홀했다. 30분 이상 밤하늘을 수놓은 불빛이 그리고 그 사그라짐이 아쉬움과 함께 잠깐 꿈을 꾼 것 같았다. 삶의 과정을 보는 것 같기도 하고, 사라져 버린 청춘의 꿈들을 보는 것 같기도 하고. 지나쳐버린 시간들처럼... 아름다움은 그리고 인생은 저렇게 반짝하고 나타났다 금세 사라지는 것이려니 하고 생각하니 먹먹하고 몸이 마비되는 느낌이 들었다. 세상은 이렇게 잘 돌아가는데 나만 피었다가 져버리는 들꽃처럼 사라져야 하다니... 시원섭섭하면서 착잡함이 밀려들었다.

그래, 사라져야 한다. 영원히 존재한다면 지겹고 가치가 없다. 없어져야 청소가 되고 사라져야 다른 생명이 살아날 수 있다. 나의 시간도 사라지고 있다. 그래야 가치 있다. 그래야 살맛 나고 잘 살게 된다. 불꽃놀이는 어린아이처럼 환상과 착각에 빠지게 만들어서 좋다. 바로 사라져버려서 아쉬움을 남기기에 더 좋다. 끝난 뒤에 아무것도 남기지 않아서 깔끔해서 좋다.

그렇게 떠나기 위해서, 미련 없이 떠나기 위한 연습으로 오늘을 준비한다. "망설이지 말고 떠나고 행동하라. 안전한 항구에만 머물지 말고 모험의 바다로 나아가라" 마크 트웨인이 꼭 나한테 하는 말인 것 같다. 그래, 살아 있는 동안은 모험의 바다로 미련 없이 뛰어들어야 한다. 그래, 저지르고 나면 일은 수습된다. 안전만을 바란다면 그냥 무덤으로 직행하는 것이 더 낫다. 많이 저지르면 덜 후회할 것이다. 내 나이에는 하고 싶으면 하고, 가자면 가고, 주어진 기회들을 놓치지 말고 감사히 영접하자.

3장

어른 아이

어른 아이

'어쩌다 어른'이라는 제목을 보고서 한참을 웃었다. 그래, 대부분의 사람들은 어쩌다 보니 어른이 된 자신을 발견하고서 화들짝 놀랐을 것이다. 어영부영거리다 다 놓쳤다는 말처럼 어느 날 문득 정신을 차려 보니 나이가 60을 넘었고 죽음이 코앞에 서성이고 있는 것을 알고서 스스로도 믿기지 않았을 것이다. 아마도 이런 말 속에는 스스로 생각해도 아직 어른이나 성인으로 성장하고 성숙하지 못한 측면이 있다는 것을 자인하는 것은 아닐까?

"80이 너머도 어무이가 조타.

나이가 드러도 어무이가 보고 시따"

늦은 나이에 겨우 한글을 깨친 칠곡 할매들도 시를 통해 이렇게 고백하고 있다. 본질적으로 사람 속에는 어린아이 같은 측면이 있다. 어리다는 것은 미성숙하고 철없다는 면도 있지만 순진하고 천진스러우며 뛰어난 창조성과 천재성을 의미하기도 한다. 그런데 대개는 아이의 긍정적 측면보다는 미성숙하고 억압된 부분이 문제가 되기에 애들 같다고 하면 철없다는 말로 여기게 된다.

그래도 어쩌겠는가? 우리 속에 살아 있는 아이가 어떤 모습을 하고 있는지 정직하게 바라보아야 한다. 특히 아직도 칭얼대며 울고 있는 아이를 달래주어야 성장할 수 있고 어른으로 커나갈 수 있게 된다. 어릴 적 불우한 환경이나 어른들의 무지로 인해서 아니면 각자의 다양한 이유들로 어린 티를 벗어나지 못하고 상처로 주눅 들어 있는 아이들이 겉모습만 어른이 되어 늙어가고 있지 않은가? 그래서 지금이라도 그 아이의 존재를 인정하고 달래주며 해방시켜 주어야 한다. 그럼으로써 우리 속의 아이들이 순수함과 창의성 그리고 유희성을 발휘할 수 있을 것이다.

성인기의 사람들이 여러 가지 어려움에 처해 있는 모습을 보면 아동기의 문제와 연결되어 있다는 것을 알 수 있다. 심리학적으로 표현하자면 아동기의 특정한 시기에 고착되어 다음 단계로 성장하지 못했거나 퇴행한 것이다. 프로이드는 어른들이 담배를 피우는 것과 껌을 씹는 행동, 여자들이 말이 많은 것도 모두 구순기의 욕구가 충족되지 못한 것에서 나온 행동이라고 한다. 모든 행동이나 습관을 꼭 이렇게 연결시킬 필요는 없겠지만 그래도 아동기에 채워지지 못한 욕구나 갈망이 살아가는 내내 걸림돌로 작용하는 것을 주변에서 쉽게 볼 수 있다.

친구의 시어머니는 시베리아 벌판을 변변한 신발도 없이 건너오다 동상에 걸린 사람이었다. 그때의 상황과 고통에 대한 이야기를 생전에 셀 수도 없이 들었다고 한다. 그래서 미국에서 정착하자 가장 많이 사 모은 것이 신발로, 지하실에는 수백 켤레의 구두가 남겨져 있었다고 한다. 이와 비슷한 이야기들을 주변에서 쉽게 듣게 된다. 그렇다고 해서 어린 시절의 욕구불만과 미충족을 똑같은 형태로만 채울 수 있는 것은 아니다. 승화의 과정을 통해서 더 성숙하고 인간적인 모습으로 채워나가기도 한다. 학교에 다니지 못한 설움을 자녀에게 공부를 강요하는 부모가 있는가 하면 다른 학생들을 위한 장학금으로 기부하는 사람도 있다.

지금이라도 성장과정을 되짚어보거나 순간순간 튀쳐나오는 아이를 보며 자신 속에 아직도 남아 있는 우는 아이를 돌보고 성장시켜야 한다. 그래야 성인으로 어른으로 살아갈 수 있으며 어른다움과 성숙의 의미를 배워나가게 될 것이다. 내 부모와 형제 아니면 친구 속에 남아 있는 상처받은 아이를 돌보고 함께 성장하는 것도 모두의 치유를 위해서 좋은 방법이다. 위안부 할머니의 설움과 고통을 이해하고 그들을 돕는 것이 바로 나의 여성성을 보호하고 여성으로서의 정체성을 확립해 나가는 방법인 것처럼. 이렇게 다양한 방법과 선택으로 어느 길을 택하건 그 길은 모두 우리 자신의 성장과 성숙으로 이어지며 주변 사람들의 성장에도 기여하게 될 것이다.

요즘같이 어린아이의 울음소리와 활기를 그리워하는 시대는 없었다. 1960년대 평화봉사단원으로 활동했다가 한국을 재방문한 사람은 주택가 골목에서 아이들 노는 소리가 사라진 것이 가장 큰 변화라고 했다. 정말 그렇다, 아이가 사라지는 세상은 희망과 미래가 없는 세상이다. 그와 같이 우리들 속의, 어른들 안의 아이도 본모습을 되찾아서 세상 밖으로 나와서 활력과 웃음을 전할 수 있어야 할 것이다. 그래야 어른도 어른다워질 수 있을 것이다.

내 속의 어린아이

오랜만에 친구 어머니를 뵈러 갔다. 우리 나이에 아직 어머니가 살아계신 친구는 몇 안 된다. 너무 늦기 전에 찾아뵙기로 하면서 내심 오래전 돌아가신 우리 어머니에 대한 그리움과 향수를 친구 어머니를 통해서라도 채워보고 싶었다.

꼬부랑 할머니가 되어서도 우릴 기억하며 반겨주셨다. 아직도 우리를 숙아! 자야! 하고 불러주는 사람이 있다는 사실만으로도 위로가 되었다. 이렁저렁 그 시절 그때를 추억하다 식사시간이 되었다. 어머니는 그때처럼 뭐 먹을래? 뭘 해줄까? 물으셨다. 그 순간부터 아니, 정확하게 말하자면 어머니를 뵙는 순간부터 우리 모두는 나이를 잊고 초등학교 시절 고향집으로 되돌아갔다. 맛있는 것 해달라고 칭얼거리자 벌떡 일어나서 부엌으로 달려가 온갖 솜씨를 발휘하기에 여념이 없었다. 딸년들은 모두 따뜻한 방에서 뒹굴며 밥상이 오길 기다렸다. 팔순이 넘은 어머니는 부엌에서 구부정한 허리로 종종거리며 상을 차려놓고 불렀다. '야들아! 상 들고 가자!' 얼마 만에 듣는 정겨운 말인가! 마치 까마득한 옛날이야기 속에서 들은 것 같은 착각이 들며 아련한 향수가 밀려왔다.

겨우 정신을 차리고서 생각해 보니 우리가 무슨 짓을 했는지 알 것 같았다. 호호할머니 혼자서 부엌에서 식사준비를 하는데 어느 누구도 나가보지도 않고 방에서 뒹굴며 수다나 떨고 있었다니... 만약 다른 사람들이 보았다면 뭐라 했을까? 욕을 먹어도 옴팡지게 먹었을 일이었다. 젊은 것들이 이것저것 해달라며 노인을 부려먹다니! 어쩌다 이런 일이 벌어졌을까?

어릴 적 친구를 만나면 우리는 영락없이 초등학생이 되어 고향집과 학교 운동장으로 되돌아간다. 팔순의 어머니도 우리에게는 감을 따주시던 젊은 시절의 어머니로 변한다. 그래서 어릴 적 그때처럼 아무 생각 없이 밥상을 기다리며 놀고 있었다. 이미 연로하시다는 생각도 잊어버리고 마치 우리 집에 온 것처럼, 우리 어머니가 차려주는 밥상을 기다리는 아이처럼. 이 나이에도 어머니 앞에서는 이렇게 어린애이고 싶고 어린애가 되어버린다.

어릴 적 친구는 이래서 좋다. 세월이 아무리 흘러도 그때 그 시절로 돌아가서 우리는 모두 철부지 코흘리개들이 되어 서로를 그렇게 대한다. 초등학교 동창회가 그래서 좋다. 나이가 얼마든 상관없이 여전히 초등학생이 되어 그때 그 시절로 순간이동하게 만든다. 옛날이야기에 취한 우리들에게 후배가 예를 갖추어 '어르신들'이라고 부르자 모두들 화들짝 놀라며 원망스러운 눈빛으로 쳐다보았다. 눈치 없이 우리의 달콤한 착각에 초를 친 것이다.

어릴 적 친구를 만나면 성장을 멈춘 아이처럼 어릴 때와 똑같이 행동하게 된다. 여고 동창생을 만나면 여고생이 되고, 대학동창을 만나면 여전히 피 끓는 청춘이 된다. 나이 먹어도 하나도 변하지 않고 그때 그 모습 그대로다. '넌 아직 그렇구나, 어쩜 하나도 변하지 않았구나' 하고 서로 핀잔을 준다. 여고 졸업 40주년 표어가 '40년 전이랑 똑같아'였다. 오랜만에 만난 친구를 보며 서로서로 하는 말이 '어머, 얘 너 하나도 안 변했다, 그대로야'였다. 우리 눈엔 똑같지만 다른 사람이 보면 어떨지…

우리 속에 눌려 있던 어린아이가 되살아난다. 아무리 나이 먹어도 우리 속의 아이는 그대로 남아 있고 기회만 되면 튀어나온다. 그래서 잘 묶어두어야 한다. 아니면 나잇값도 못한다는 소리를 듣거나 주책이라고 핀잔 들을지도 모르기에 때와 장소를 잘 가려야 한다. 우리가 이렇게 애를 써서 눌러 놓고 있다는 사실을 젊은 것들은 모른다. 그래서 우리끼리 만나면 그때야 비로소 해방감을 느끼고 마음껏 풀어 헤친다. 우리 속에 살아 있는 천진한 아이를 감추고 눈치껏 행동하는 서로의 고충을 잘 알기에, 우리끼리 만나면 그제서야 해방감을 느낀다.

본다고 해서 다 보는 것도 아니며 보이는 게 다가 아니다. 아직도 거울을 보면 지금 내 모습은 낯설고, 젊고 한창이던 모습이 각인되어 그렇게 착각하고 있다. 눈으로만 보는 것이 아니라 마음으로 보고 생각과 기억으로 보며 행동한다. 누구를 만나느냐에 따라 시간과 공간뿐만 아니라 자신을 변모시키며 그때, 그곳으로 되돌아가게 된다. 그래서 어릴 적 친구와 오랜 세월을 함께 나눈 친구가 소중하다. 고향과 어릴 적 추억을 함께 나눈 친구들이기에, 꿈 많고 순수한 때를 기억하고 여전히 그 시절 그 모습으로 대해주기에. 지금의 고상한 모습이 아닌, 또 다른 나를 알기에 더 소중하다. 나에게 그 시절을 기억하게 해주고 그렇게 대해주는 사람이 나이가 들어서는 더 많은 위로가 된다.

우리 학생들이 나도 한때는 그들과 같은 청춘이었다는 사실을 기억해 주면 좋겠다. 학생들은 언제나 내가 이렇게 우아한 사람으로만 살아온 것처럼 여기지만, 나도 한때는 젊었고 꿈 많은 소녀였다는 사실을 기억해 주길 바란다. 그래서 연구실에 젊은 시절 사진을 두었다. 학생들은 내 딸이냐 묻는다. 나라고 하면 상상이 안 된다고 한다. 그땐 나도 공부하기 싫어 땡땡이 친 적도 많았고 출석만 부르고 도망 간 적도 있었다. 내가 그래서 니들 심정 다 알기에 모른 척 넘어가 준다. 나도 그랬으니까. 나도 자네들처럼 젊어보았지만 자네들은 나처럼 늙어보지 않았지? 그러니 지들이 이런 내 마음을 알리가 없지. 내 연구실 앞에 학생들과 같은 20대 때 사진을 붙여놓고 싶다. 나도 한땐 꽃다운 청춘이었다고, 몸이 늙지 마음이 늙는 것은 아니라고 항변하듯이.

우는 아이

스스로 생각해도 부끄러운 일들이 종종 일어난다. 아무 일도 아닌 것에 삐지기도 하고 서럽기도 하고, 혼자 생각해 봐도 스스로 부끄러워 나잇값을 못한다는 생각이 든다. 노탐이라는 말도 있다. 나이 든 사람이 어린애처럼 욕심을 부린다는 것이다. 그래서 노인이 손자뻘 되는 아이들과 토닥거리고 싸우는 모습을 보기도 한다. 왜 그럴까? 이게 나만의 일은 아닌 것 같다. 칠순이 넘은 아버지 친구들이 우리 집에 한방 모여서 노시는 모습을 보고서 어머니는 손자들이 모여 노는 모습과 진배없다시며 혀를 찾던 기억이 난다.

심리학자 에릭 번은 사람 속에 여러 모습이 있다고 한다. 아이와 어른 그리고 성인의 모습이 있으며 아이는 천진스러운 아이와 우는 아이가 있다고 한다. 천진스러운 아이는 어린 교수마냥 창의적이고 재기발랄한 모습이지만 우는 아이는 상처받고 사랑과 관심을 갈구하는 아이이다.

유명 학자의 말을 빌리지 않아도 우리는 경험적으로 이런 모습이 우리 속에 있다는 것을 잘 알고 있다. 우리가 어른다운 성숙함에다 아이의 순수성과 천진함도 가진다면 금상첨화로 더할 나위 없이 바람직한 모습일 것이다. 그런데 대부분의 사람들은 그렇지 못하다. 나이에 맞는 성숙함도 부족하고 게다가 속에서는 상처받고 아파하는 아이가 계속 칭얼대고 있는 것을 볼 수 있다. 나이가 들어도 내면아이는 계속 보채며 울고 있는 것을 보면 딱하다 못해 추하다는 생각조차 든다. 대부분 살아오면서 어릴 적 상처를 벗어나 털어버리게 되지만 그렇지 못한 경우도 많다. 나이가 얼마든, 어릴 적 상처받은 아이가 자라지 못하고 여전히 울고 있다. 상처받은 내면 아이는 틈만 나면 나타나서 온갖 어려움과 문제를 일으킨다.

성장과정에 어려움과 아픔을 겪지 않고 자라는 아이는 없다. 딸이라고 차별받아서, 하고 싶은 공부를 못해서, 돈이 없어서, 학대받아서 등등 이유야 많다. 우리 속에 우는 아이를 인정하고 달래주어야 한다. 상처받고 아파하는 아이를 이제라도 어루만지고 보살펴서 성장하도록 도와야 한다. 그러기 위해서는 다시 그 시절로 돌아가서 그 상황을 이해하고 수용하며 털어버려야 한다. 이런 과정을 심리학에서는 통찰이라고 한다. 아니면 내가 받지 못한 것을 다른 사람에게 베풀면서 승화시키기도 한다.

본인이 하고 싶은 공부를 못한 어머니가 자식들에게 무리해서라도 더 나은 교육기회를 주는 것으로 승화시키며 보상받을 수 있다. 어쩌면 한국 어머니들의 교육열의 많은 부분이 이런 심리에서 나왔는지도 모른다. 프로이드는 여성은 아들을 키움으로써 남성이 아니라는 열등의식에서 벗어날 수 있다고 했다. 그대로 다 받아들이기는 힘들지만 이해가 간다. 이런 식으로 어린 시절의 상처와 결핍으로 울고 있는 내면아이를 지금이라도 해방시켜 주어야 다음 단계로 성장해 나갈 수 있다. 그래야 부정적인 경험들이 세월의 강물에 씻기어 승화되고 잘 삭혀져서 효소가 된다. 맹독이 잘 정제되고 발효되면 명약이 되듯이.

사람에게는 설움과 상처를 통해서 성장하고 뛰어넘을 수 있는 잠재능력이 있다. 우리의 삶에 부족과 아픔이 없었다면 이만큼 열정적으로 노력하며 살아오지 못했을지도 모른다. '즐거운 나의 집'이라는 노래 가사를 만든 사람은 독신으로 좁고 허름한 하숙집에서 평생을 보냈다고 한다. 즐거운 나의 집은, 우리 집이 즐겁고 행복해서 부른 노래가 아니라 그러지 못하기에 그리워한 것이다. 부족함 속에서 위대한 예술과 사상이 만들어진다. 우리가 겪은 아픔과 어려움을 딛고 일어나게 되며 더 나아가서는 그 어려움을 통해서 성숙하고 성장하게 된다. 우리를 아프게 한 걸림돌이 결국 일어서게 도와주는 디딤돌이 된다. 이런 전환과 극복의 과정이 어른이 되고 성숙해지는 길이며 인간사의 부족과 한계를 극복하고 초월하는 길이다.

그런데도 스스로 아픔과 상처를 떨쳐버리지 못하고 어느 시기와 기억에 고착되거나 인지적 왜곡이 발생하거나 아니면 과잉 일반화가 일어나는 현상을 주변에서 쉽게 찾아볼 수 있다. 그들은 나이가 얼마든 지위가 뭐든 상관없이 징징대는 추한 모습을 하고 있다. 그래서 전인적 성장에 방해가 되고 있다.

우리 속에 울고 있는 아이가 있는지 잘 살펴보아야 한다. 삶에 어려움을 겪게 될 때, 스스로 불행하다고 느낄 때, 다른 사람이나 환경을 탓하기 전에 우리 내면을 먼저 들여다보자. 그래서 울고 있는 아이가 있다면 지금이라도 울음을 그치고 어른으로 커가게 도와주자. 혼자서 극복하기 힘들다면 전문가의 도움을 받아도 좋다. 그렇지 않다면 스스로 자신을 잘 들여다보며 정직한 대면을 통해서 인정할 것은 인정하고 묵은 찌꺼기는 털어버려야 한다. 그럼으로써 힘들게 살아온 자신을 수고했다며 장하게 여기고 사랑으로 품어주어야 한다. 그래야 지난 과거에 얽매이지 않고 자유로운 영혼으로 온전히 지금의 삶을 살아갈 수 있을 것이다.

노인과 아이

오빠는 참 복이 많다. 딸부자로 아들이 귀한 집안에서 외아들로 태어나서 외아들만 키우다가 이제는 친손자가 셋이나 되니 말이다. 오빠가 둘째 손자를 봤을 때 친정언니가 우리 집안에 아들이 둘이나 난 것이 1세기 만이라며 감격해 했다. 그렇게 귀한 손자들을 얻어 기뻐하더니 이제 와서는 하나뿐인 친손녀와 각별한 관계를 맺고 있다. 유독 손녀가 할아버지 곁에 착 달라붙어 떨어지지 않으려 하고 할아버지와 노는 것을 정말 좋아한다. 어린아이를 데리고 놀아주는 것이 보통 힘든 일이 아닌데 둘은 자연스럽게 어우러져 시간 가는 줄 모르고 논다. 그 비결이 무엇인지 궁금해서 관찰하다가 놀라운 사실을 발견하게 되었다.

오빠는 할아버지가 어린 손녀를 데리고 놀아주는 것이 아니라 두 아이가 어울려 노는 것처럼 같이 신나게 놀고 있다는 느낌이 들었다. 손녀가 장난감카메라를 들이대면 다른 식구들은 김치, 치즈 정도로 반응하며 잠깐 포즈를 취해준다. 그런데 오빠는 할리우드 스타보다 더한 액션과 포즈를 취해서 손녀를 깔깔거리게 만든다. 백발이 성성한 할아버지가 손녀 앞에서는 나이도 잊고 위계도 잊은 채로 총 맞은 것처럼 뒹굴고 벌러덩 넘어지고 자빠지며 둘이서 낄낄거리며 노는 모습이 다른 식구 어느 누구도 범접하기 힘든 그들만의 유대를 느끼게 만든다.

할아버지가 손녀와 그냥 의무감으로 놀아준다면 그렇게까지 몰입하고 기발한 아이디어로 넘쳐날 수가 없을 것이다, 오빠가 코미디언도 아니고 평소 연기에 능한 사람도 아닌데. 손녀 앞에서 오빠는 나이와 체면으로 억눌려 있던 아이다움과 장난기가 되살아나서 마냥 똑같은 아이가 되어 같은 수준에서 놀고 있었다.

오빠도 손녀와 노는 것을 진심으로 즐기는 것 같았다. 함께 노는 것이 손녀를 기쁘게 할 뿐 아니라 오빠 속에 있는 어린아이도 만족해하는 것 같았다. 이 둘을 보면 세대 간의 교류와 상호작용이 얼마나 서로에게 필요한지 알 수 있다. 오빠가 그 나이에 어디서 그렇게 장난치며 마냥 놀 수 있겠는가? 손자, 손녀와 어울려 노는 것으로 서로의 욕구를 충족시킬 수 있기에 모두에게 만족스러운 경험이 되는 것이다.

어머니는 손자를 데리고 놀다 같이 싸우는 아버지를 보고 둘 다 똑같다는 말을 하곤 했다. 나이 든 할아버지 속에도 어린 아이가 남아 있으며 기회만 되면 튀어나오고 싶어 하고 충족되지 못한 욕구를 채우고자 한다. 어린 손자를 데리고 놀면서 이런 욕구를 채우는 것은 서로에게 도움이 된다. 그러기에 어른과 노인이라고 사회가 만든 정형화된 역할과 틀 속에만 묶어둘 것이 아니라 나이 든 사람 속에 내재되어 있는 아이 같은 욕구와 어린 시절 충족되지 않은 욕구들을 적절히 풀어나갈 수 있는 기회가 필요하다. 그러기에 가면무도회나 탈춤, 마당극, 살풀이 등의 놀이문화가 이어져 나올 수 있었던 것이다.

나와 팽이놀이를 하던 손자 녀석이 갑자기 큰 소리로 울기 시작했다. 본인이 지면 분을 못 이겨서 운다는 것이다. 당황스럽기도 하고 걱정되기도 해서 바라만 보고 있는데 아이 엄마가 나서서 달래기 시작했다. 아이의 울음이 잦아들자 나에게 데려와서 사과를 하게 했다. 엄마의 강압에 못 이겨 내키지 않고 쑥스러운 사과를 하고 나서 내 품에 안긴 아이는 아직도 숨을 몰아쉬며 헐떡거리고 있었다. 스스로 불안감을 느낄 때마다 빠는 손가락이 어느새 입속 깊숙이 물려 있었고 눈물이 아직도 그렁거렸다. 본인의 잘못을 먼저 알고 눈을 맞추지 못하는 아이를 토닥여 주다가 갑자기 내 속의 우는 아이를 달래는 것 같은 느낌이 들었다. 그래, 괜찮아. 아무도 너를 비난하지 않아. 네가 울고 보채도 우리는 너를 사랑해. 토닥토닥하는 사이 아이는 어느새 잠이 들어 새근거리고 있었다. 아이도 보채고 우느라 힘들었던 모양이다.

어른들이 훈육한다며 매를 들고 야단치지 않아도 아이는 스스로 자신의 행동이 적절하지 않았다는 것을 알고 있었다. 그래서 손가락을 빨기 시작했고 눈도 마주치지 못한 것이다. 이런 아이의 마음을 알기에 그냥 다독여 주고 달래주게 된다. 그래도 우리는 네가 소중한 존재라는 것을 알며 사랑한다고. 잘 성장할 것이라 믿는다고. 내 속에 우는 아이에게, 잘못된 행동으로 두려움에 떨고 있는 아이에게 하는 말이기도 하다. 이렇게 어른답게 받아주고 토닥여 주면 내 속의 아이도 울음을 멈추고 불안에서 벗어나서 편히 쉴 수 있을 것이다.

겉으로 드러난 모습은 어른이고 노인이지만 모두 속에는 아직도 아이가 살아 있고 아이 때의 기억들이 남아 있다. 우는 아이, 사랑받지 못한 아이, 아직도 관심을 요구하는 아이에게 지금이라도 응답해야 하고 그들을 이해하고 보듬어 주어야 한다. 그래야 그 아이가 성장할 수 있고 아이가 지닌 무한한 상상력과 본능적 지혜가 발휘될 수 있을 것이다. 이런 과정을 가족 내에서 자녀와 손자녀를 키우면서 자연스럽게 이어갈 수 있다.

본인의 아이나 가족이 아니어도 좋다. 세상에는 도움과 사랑을 구하는 작고 여린 손길들이 널려 있다. 멀리 아프리카의 어린 아이들을 도우면서 삶의 보람을 찾은 친구도 있다. 내 속의 욕구를 채우는 방법은 꼭 나를 통해서만이 아니라 대리로 다른 사람에게 내가 간절히 원했던 일을 해줌으로써도 채워질 수 있다. 그들을 돕는 것이 바로 나를 돕는 길이다. 그래서 나를 넘어선 더 큰 존재로 확장되고 성숙해질 수 있으며 내 삶의 의미와 가치도 커지게 된다.

초등학교 동창회

'창공에 높이 솟은 종남산 아래'라고 교가를 부르면서 가졌던 종남산에 대한 자부심은 지금에 와서 보면 나즈막한 우리 강산의 여느 산들과 다를 바 없는 산일뿐이라는 사실에 실망하기도 했다. 그래도 그 산 아래서 꿈을 키우던 어린 시절은 우리 모두의 기억 속에 푸른 하늘만큼이나 높고 싱그러웠다. 그렇다고 해서 그 시절의 기억이 모두 아름답고 즐거울 수만은 없었을 것이다. 그럼에도 우리는 종남산의 정기로 무럭무럭 자라나 세상과 우리의 꿈을 향해서 계속 뻗어나갈 수 있었다.

수십 년이 지나서 다시 그곳에 모여 서로 반갑게 맞이하고 서로의 안부를 물었다. 아무 말 하지 않아도 서로의 얼굴과 분위기에서 지나 온 세월들을 짐작할 수 있었다. 그래도 이렁저렁 이야기들을 나누다 보면 살아온 배경은 달라도 이미 세상의 풍상들을 겪을 만큼 겪고 난 후여서 누구도 서로를 이해하지 못할 것도 없었다.

공식모임인 전체 동창회가 끝나고 기별 모임에서는 좀 더 개인사적인 경험들이 나누어졌다. 그런 자리에서 빠짐없이 등장하는 주제 중 하나는 어린 시절의 비밀이나 비행을 약간의 과장을 더해서 드러내며 한바탕 웃음으로 흘려버리는 일이다. 그런데 이번에는 웃어넘기지 못하고 그때 억울함을 겪었던 이야기를 조목조목 꺼내며 가해자들을 모두 지목해서 심판대에 세워버렸다. 내용은 아이들답게 간단했지만 분위기는 심각했다.

학교 가는 길 중간에 사는 우리 동네 아이들 몇 명이 윗동네인 황골 아이들이 지나가지 못하도록 길을 막고 위협해서 황골 아이들이 겁나고 무서워서 멀리 돌아서 다니고 피해서 다녔다는 것이다. 아이들 사이에 일어난 일이었지만 피해자들은 누가 뒤에서 시킨 일이고 누가 그 행동대원으로 나서서 자신들을 괴롭혔는지 소상히 밝혔다. 하지만 가해자로 지목된 아이들은 누구도 기억조차 없다고 했다. 어린애들이 별 생각 없이 재미삼아 한 일이다 보니 가해자들은 기억조차 못하지만 피해자들은 뚜렷이 기억하고 아직도 그때의 앙금이 완전히 가시지 않은 듯했다.

이야기를 듣다 보니 내 기억에도 한 가지 사건이 떠올랐다. 학교에서 좌측통행을 배우고 집으로 오다가 앞집 명순이가 나보고 왼쪽으로만 다녀야 한다며 길을 가로질러 우리 집으로 가는 것이 잘못되었다며 일러준다는 것이었다. 횡단보도를 모르는 시골아이인 나는 이럴 땐 어떻게 해야 할지 몰라 고민에 빠졌던 기억이 났다. 가해자도 피해자도 아닌 나였지만 앞집 아이 말이 마음에 부담으로 작용했던 기억이 났다. 그러고 보면 피해를 당한 아이들이 받은 상처가 컸을 것이라는 짐작도 갔다.

윗동네 아이들은 유난히 키가 작았고 수도 열세였다. 우리 동네 애들은 숫자가 많았고 덩치도 크고 싸움 잘하는 아이들도 많았다. 그러고 보니 학교폭력이나 왕따, 동네깡패가 지금의 일이 아니라 언제나 있어온 사회생활의 한 단면이라는 생각이 들었다.

약간의 긴장감이 형성되며 서로 간에 어색한 분위기가 감돌자 모른다고 잡아떼는 사람, 변명하는 사람, 이유를 들이대는 사람 등 그 상황을 대하는 모습들이 다양했다. 그래도 피해자가 별로 기분이 풀리지 않는 기색을 보이자, 직접 가해자로 지목된 친구 한 사람이 나서서 그렇다면 사죄의 뜻으로 한턱 거나하게 낼 것이니 그걸로 용서를 구하겠다고 제안했다. 잘 기억나지 않지만 어린 시절 철없이 저지른 일로 상처받은 사람이 있다면 지금이라도 가능한 방법으로 용서를 구하며 털어버리자고 한 것이다. 우리 모두는 그런 통 큰 제안에 재판을 끝내고 이미 잘 먹은 거나 진배없는 흡족함과 후련함을 느꼈다.

어릴 적 좋지 못한 기억을 들추어낸 친구는 아마도 그런 잘못된 행동에 대한 인정과 함께 자신들이 겪은 아픔과 상처를 알아달라는 마음이었을 것이다. 그리고 용서받고자 하는 마음도 별 생각 없이 한 철없는 행동으로 상처받은 친구들에게 지금이라도 용서를 구하며 상처를 달래주고 싶은 마음이었을 것이다. 구태여 먹고 마시지 않아도 서로의 마음을 받아주고 인정하는 것으로 그날의 판결은 성공적으로 이루어졌다.

이번 동창회에는 일이 여기서 끝나질 않았다. 더 큰 험악한 분위기와 고성이 다른 일로 오고 갔다. 연로한 담임선생님을 모셔오는 문제 때문이었다. 직접 담임을 하지 않은 반 아이들이 우리 담임만을 모셔오는 일에 반감을 가졌다. 충분히 이해가 갔다. 별로 관련이 없는 분을 계속 모셔야 하는 것에 대한 부담감과 함께 분명 더 깊은 무의식적 이유가 작용하는 것 같았다. 급기야는 저렇게 연로한 분이 우리 동창회에 계속 나오시는 것을 말리지 못하는 가족에 대한 원망까지 나오고, 모셔야 한다는 측에서는 좀 참아달라는 말까지 나왔다. 같은 선생의 입장에서 보니 참 딱하고 기가 차며 남의 일 같지 않았다. 이 다음에 내가 어떻게 처신해야 할지 분명하게 배우게 되었다.

선생도 사람이고 부족한 점이 많은 것이 사실이다. 내가 선생을 하다 보니 그 점을 더 잘 알게 된다. 더욱이 이만큼 지나서 생각해 보니 그 시절 우리 선생님이 우리에게 어떤 잘못을 했다는 것을 더 잘 알게 된다. 그렇다면 선생의 입장에서 다 큰 학생들에게라도 그때의 잘못을 인정하며 사과하고 용서를 구하는 겸손함과 정직함을 보이는 것이 선생의 도리며 선생다움이 아닐까?

사실 우리 중에는 억울하게 선생님에게 맞은 아이, 차별당한 아이, 업신여김을 당한 아이들도 있다. 그렇지 않다고 해도 스스로의 부족함을 되돌아보고 반성하며 성찰하는 모습이야말로 선생이 언제나 학생들에게 모범이 될 수 있는 귀감이 될 것이다. 그런데도 아무 말 없이 당연하다는 듯이 학생들의 예의와 호의를 받아들이는 것은 선생으로서의 태도가 아닌 것 같았다.

어린 시절의 말 한 마디가 큰 상처가 되기도 하고 큰 힘이 되기도 한다. 그러기에 인간적인 부족함으로 발생한 실수나 잘못을 성찰하고 반성하는 선생이 된다면 나이가 들어서 만나도 인내하고 참아주는 선생이 아니라 함께하는 것이 즐겁고 행복한 우리들의 선생님과 인생의 선배로 남을 수 있지 않을까? 선생인 나에게는 간담이 서늘해지도록 날카로운 배움이었다.

초등학교 동창회에 가는 이유는 여러 가지가 있다. 현재의 지위나 위치 모두를 떠나서 어린 시절로 돌아가고픈 동심에 대한 향수가 가장 큰 동기가 되고 있다. 그렇지만 동심이라고 해서 모두 순수할 수만은 없으며 그 속에도 세상의 그림자가 투영되기 마련이다. 그래도 서로를 믿고 상처를 묻어두지 않고 드러냄으로써 잘못을 인정하고 용서받고 털어버릴 수 있기에 그 자리가 더욱 소중해진다. 그런 치유의 장이 되기에 동창회가 더욱 의미를 지닌다.

이미 세월의 담금질을 통해서 어릴 적의 실수와 잘못들은 삭혀지고 녹았지만 그래도 그런 자리에서 서로 인정하고 용서를 구함으로써 치유되고 털어버릴 수 있다는 사실이 소중하다. 그래서 우리의 어린 영혼과 우리 속에 존재하는 아이가 지금도 맑고 순수하게 성장해 나가게 된다. 어린 시절의 학교와 친구들은 첫사랑처럼 우리 속에 언제나 남아 있기에 영원한 배움터와 인생의 동반자가 되고 있다.

치유의 밥상

원동에 사시는 친구 부모님 댁을 방문했다. 딸 친구들을 위해서 어머니와 아버님은 새벽부터 준비해서 시골밥상을 차려주셨다. 엉게나물무침과 장아찌, 콩잎김치, 호박잎과 깻잎 쌈, 정구지 무침, 깻잎김치, 묵은지 그리고 구수한 된장 한 사발에다 넘치는 인정과 살가움으로 밥상이 그득했다. 약 안 치고 무공해로 직접 키워서 밭에서 갓 따온 제철 식재료로 차린 정성스러운 밥상이었다. 우리들에게 많이 먹으라며 연신 더 퍼주시고 맛있다고 호들갑을 떨며 잘 먹는 모습을 흐뭇하게 바라보셨다.

식사가 끝나고 모두 밭으로 갔다. 깻잎 따고, 부추 베고, 비름도 따와서 각자 보따리를 꾸리기 시작했다. 수확해 놓은 양대콩, 아침에 미리 따서 준비해둔 애호박, 오이, 노각, 가지에다 먹다 남은 깻잎, 콩잎김치와 묵은지 한 통, 매실엑기스. 선물꾸러미를 싸다 보니 강도가 따로 없다는 생각이 들었다. 딸년들은 친정 오면 모두 도둑년들이라더니 친구들까지 한 부대 몰고 와서 바리바리 싸서 온 집을 다 털어가는 것 같았다. 미안한 마음에 '건강하세요, 또 올게요' 하는 인사말이 마치 건강해서 농사 잘 지어놓으면 또 와서 털어가겠다는 말같이 들렸다. 이런 날강도는 없을 것이다, 마음까지 뺏어가는 미워할 수 없는 떼강도들. 그래도 또 놀러 오라고 당부하시며 손을 흔들어 주시는 모습이 애잔하고 허전해 보여서 더 미안했다. 부모님이 살아계시니 친정집이 이리도 훈훈하고 넉넉하지...

우리가 밥을 먹는 동안에도 노모는 식사도 않으시고 계속 우리들 챙기시기 바쁘셨다. 처음에는 인정상 많이 먹으라는 줄 알았다. 반복해서 되풀이하시며 밥을 덜어주기도 하셨다. 밥상을 물리고 이런저런 이야기를 하시다, 하나밖에 없는 딸을 어릴 적에 집안 형편이 좋지 않아서 많이 못 먹였고, 애보다 모시고 사는 시어른들 무서워서 굶겼다며 딸 몸 약한 것이 부모 탓 같아서 지금도 마음이 좋지 않다고 하셨다. 어려웠던 시절 산촌에서 농사일에 바빠 자식을 잘 돌보지 못한 부모 심정은 모두 비슷할 것 같았다. 유달리 인정 많으신 분이라 딸에게 그 옛날 못다 한 부모 도리를 지금 이런 식으로 보상해 주며 딸 친구들에게까지 넉넉히 베풀어 주며 딸 체면을 세워주신다는 생각이 들었다. 그러고 보니 우리들이 먹은 밥상은 어머니와 딸을 위한 치유의 밥상이었고 우리 모두를 위한, 이 땅의 딸들을 위한 부모님의 힐링밥상이었다.

돌아오는 길에 우리들 사이에 진지한 대화가 오갔다. 어릴 적 12살 때 공부한답시고 부모와 떨어져서 외가에 얹혀살면서 눈칫밥 먹던 일, 중학생 때 딸이라고 삼촌과 오빠, 남동생 밥해 먹이고 도시락 싸주며 학교 다닌 일 등을 떠올리며 아직도 가슴에는 12살 어린아이가 울고 있다고 했다. 부모의 돌봄 속에서 자랄 아이가 엄마 역할 하며 자랐고 그 후에도 말썽부리는 오빠 밑에서 언제나 착해야만 했고 부모님을 위로하고 돕는 아이어른으로 자랐다. 나이에 걸맞은 아이로 사랑받으며 자란 것이 아니라 부모 역할을 맡거나 도우며, 부모 마음 먼저 헤아려 자신의 욕구는 숨기고 어른같이 자란 아이였다. 야무지고 똑똑한 딸로 부모 속 썩인 일 없이 자랐다. 겉으로 보면 아무 문제 없어 보이며 잘 자란 자랑스러운 딸로 여겨지지만 정작 딸의 가슴 속에는 아직도 어린 12살 아이가 울며 힘들어하고 있었다.

이런 식의 이야기가 특정인 한 사람의 일일까? 이 땅의 많은 딸들이 살아온 이야기 아닌가? 구체적 정황들은 달라도 뿌리 깊은 가부장제와 가난과 무지로 인한 엇비슷한 과정을 지내며 성장해 왔다. 딸들은 살림 밑천이라는 말처럼, 힘든 시절 가족을 위한 희생자였고 나이에 상관없이 바쁜 엄마를 도운 조력자였으며, 남자 식구들을 돌보고 보살펴야 하는 책임을 나름대로 맡아야만 했다. 이게 어디 어릴 적뿐인가? 지금 이 나이에는 연로한 부모님에게는 편하고 손쉬운 보호자로 언제든지 달려가야만 하는 5분대기조 아닌가? 이 정도는 그래도 좋다. 부모님에게 힘이 되고 싶은 순수한 마음이 있으니까. 이렇게 집안과 가족을 위해서 온갖 일과 희생을 감수한 딸들은 재산분배에서 뒤로 밀려나도 당연시 여기며 의무와 책임만을 져야 하는 현실에 분노하고 있었다.

그러나 아무리 항변해도 가부장제라는 견고한 철옹성을 넘어설 수 없어 외면당하기에 스스로 돌파구를 찾아야만 했다. 어릴 적 못다 한 공부를 하면서 자신을 치유해 나갔다고 한다. 스스로의 내면을 깊이 이해하게 되면서부터 왜 하필 청소년들에게 더 마음이 가는지를 그제야 깨닫게 되었다고 한다. 자신 속의 울고 있는 아이를 알기에 그 나이에 돌봄이 필요한 청소년들을 돕고 돌봐주는 일로 대리 보상받으며 자신도 함께 치유해 가고 있었던 것이다. 이 친구의 경우에는 어릴 적 자신과 비슷한 처지의 아이들을 도와주는 일을 통해서 스스로에게 보상이 되며 치유가 일어나는 것이다.

자리에 함께한 친구들 모두가 어릴 적 부모가 우리에게 잘못한 일, 아니면 해주지 못한 일들을 떠올렸고, 더구나 딸이라 차별받고 분노했던 기억들과 상처들을 지니고 있었다. 그러나 이제는 우리가 그런 부모 나이가 되었고 우리 자식들도 우리로 인해서 상처받으며 자랐다는 것을 안다. 그러기에 우리가 부모님의 부족과 무지를 이해하고 용서하게 되는 것처럼 우리도 이해받고 용서받고 싶다.

부모는 부모로 태어나는 것이 아니라 어린아이가 자라서 부모가 된다는 사실을 기억할 필요가 있다. 우리 부모도 그들의 부모로부터 받은 상처와 아픔을 지니고 살아왔다. 어려움과 한계 속에서도 아이들은 자라며 부모의 부족함을 넘어서 성장해 나간다. 부모의 한계가 자녀들의 성장을 방해하기도 하지만 도리어 커갈 수 있는 원동력이 될 수 있다는 사실이 다행스럽다. 우리 부모님의 모자람에도 불구하고 그분들이 최선을 다했다는 사실을 알기에 이제는 우리가 부모님을 이해하고 포용하며 성의껏 돌봐드리고 있다. 어릴 적 그들로부터 보호받은 것처럼 아니면 그 이상으로 이자까지 듬뿍 얹어서 성의를 다하기에 우리 자식들도 보고 배우게 될 것이다. 진정한 사랑이 어떤 것이며 성장이 무엇인지를. 그 모든 아픔과 부족함에도 불구하고 우리의 부모가 되어준 인연에 감사드리며.

딸들의 가슴마다 아픈 기억들이 묻혀 있는 부모님과 고향. 그래도 여전히 넉넉함과 고마움 그리고 그리움으로 남는 곳. 우리를 아프게도 했지만 성장하도록 지켜준 사람들, 그 넉넉한 품을 잘 알기에 언제나 가고 싶고 생각나는 곳...

여름날의 뜨거운 햇볕과 매미 울음소리가 그날따라 유달리 느껴지는 길이었다. 길섶에 돌보지 않아도 지천으로 자라 꽃밭을 이룬 개망초가 더 사랑스럽게 느껴졌다. 그 모든 아픈 기억들에도 불구하고 이만큼의 성장에 감사드린다. 부모님의 선물꾸러

미보다 더 큰 성장과 성숙이라는 선물보따리를 안겨준 삶이라는 기회와 우리 모두의 인연에 더욱 감사드린다.

인정 욕구

사람에게는 본능적인 기본 욕구들이 있다. 수면이나 식욕 등이 여기에 해당한다. 그런데 이런 생리적 욕구 못지않게 강한 심리적 욕구들이 있다. 그중 하나가 인정의 욕구다. 타인에게 내 존재를 인정받고, 그들의 관심과 사랑을 받는 것은 내 삶을 이어나가기 위한 필수조건이다. 특히 그 타인이 바로 내 삶에 중요한 타자인 가족인 경우 더욱 그렇다. 어린아이들에게는 주 양육자인 어머니의 인정과 관심은 아이의 생존과 직결되며 처절하리만큼 강력한 것이다.

친구가 운영하는 어린이집에서 한 아이가 가위놀이를 하다 손을 다치자 선생님이 밴드를 감아주었다. 이 장면을 지켜본 다른 아이 하나가 가위로 자해를 하며 선생님의 관심을 끌려는 시도를 하는 것을 보고서 모두가 경악했다고 한다. 그 아이의 어머니는 삶에 지쳐 아무런 의욕도 관심도 없이 살아가는 사람이기에 아이가 양육자의 인정과 관심을 그토록 목말라했다고 한다. 아동양육시설인 경우 사람들이 자주 왕래하는 통로 쪽에 있는 아이와 구석에 있는 아이는 발육 정도가 상당히 다르다고 한다. 그래서 아이들의 위치를 돌려가며 바꾸어 주고 있다. 이렇게 강한 욕구임에도 불구하고 여러 가지 사정으로 아이들이 어머니나 가족의 관심과 인정을 충분히 받지 못했을 경우에는 이런 욕구들이 어른이 되어서도 그대로 남아 있는 경우가 많다.

친구의 남편은 세상적인 눈으로 보면 효자 중의 효자라 할 수 있다. 어머니를 위해서라면 어떤 어려움이나 부담도 감수하며 지극정성을 다하는 모습이 마치 어머니가 품안의 아기를 다루는듯하다고 한다. 처음에는 도저히 이해가 되질 않아서 별 생각을 다 했다고 한다. 그러다 심리와 상담을 공부하면서부터 남편을 이해하기 시작했다고 한다.

시어머니는 결혼 후 큰 아들을 얻자 본인의 도리를 다한 것 같은 자부심에 큰 아들을 부척이나 귀하게 여겼다고 한다. 그러다 막내아들까지 얻게 되자 별 관심도 없이 밥이나 챙겨주고 먹여준 것 외에는 아들에게 해준 것이 없다고 느낄 정도로 무관심했다고 한다. 그런 무관심 속에서 자란 막내아들은 아마도 어머니의 사랑과 관심이 너무도 그리웠던 모양이었다. 어머니가 형에게 보이는 관심과 사랑이 어린 마음에 갈급했던 것 같았다. 그래서 평생토록 저렇게 어머니 곁을 떠나지 못하고 그 주위를 맴돌며 온갖 뒷바라지를 자처하며 어머니를 돌보고 계신다. 지금은 연로해서 수발이 필요한 처지가 되자 막내아들이 어머니를 독차지해서 돌보는 것이 부담스럽기보다는 너무나 신나고 행복해하는 모습이라고 한다.

이런 태도는 일종의 심리적 보상으로 본인이 받지 못한 사랑과 인정을 거꾸로 되돌려 줌으로써 보상받는 것이라 할 수 있다. 막내아들은 어머니에게 갈구했던 사랑을 이제는 본인이 스스로 어머니에게 되돌려 줌으로써 아들의 가슴 속에 남아 있던 우는 아이, 어머니의 관심과 인정에 목말랐던 어린아이를 채워주고 달래주는 것이다. 이렇게 다른 심리적 왜곡 없이 승화된 형태로 자신 속에 남아 있던 어린 시절의 심리적 미해결과제를 풀어나갈 수 있는 것은 어머니의 무관심에도 불구하고 아니면 무심했기에 아들이 그만큼 성장하고 성숙해졌다는 것을 의미한다.

특히 결혼 초기에 부인의 입장에서는 남편이 시어머니를 대하는 태도를 도저히 이해할 수 없었기에 시기도 하고 질투도 했고 부부싸움의 주 원인이 되었다고 한다. 그러다 심리공부를 하면서 어린 시절의 미해결과제라는 것을 알고 이해하면서부터 남편이 충분히 자신의 미루어 둔 과제를 해결해 나갈 수 있도록 허락할 수 있게 되었다고 한다.

이 가족의 경우에는 그래도 상황이 나은 편이다. 이해해 주는 부인과 스스로 해결해 나가는 남편 사이에서 가족들이 큰 어려움 없이 함께 성장할 수 있었기 때문이다. 그러나 모든 가족이 그렇지는 않은 것 같다. 자신의 문제를 가족 다른 사람의 탓으로 돌려 괴롭히며 상처를 주기도 하고, 서로 이해하지 못해서 심각한 갈등이 빚어지기도 하고 그런 과정에서 자녀들이 큰 상처를 입기도 한다.

어느 누구도 완벽한 인격체가 아니며 모자람과 상처와 부족을 가지고 나름대로의 미해결과제들을 떠안고 살아가고 있다. 이런 심리적인 기전을 이해하지 못하는 경우에는 서로 상대방을 탓하거나 내 주장만 하게 되면 모두가 상처로 얼룩지게 되며 개인적인 과제를 해결하기보다는 또 다른 상처로 덧칠하기도 한다.

이렇게 가까운 관계에서 어려움을 겪고 상처 입는 경우에 그 원인이 꼭 나에게 있지 않은 경우도 많다. 상처를 주는 사람은 자신이 다른 사람에게 상처를 준다는 사실조차 모르는 경우도 많다. 단지 자신 속에서 꿈틀거리는 미해결과제를 풀어나가기 위한 몸부림인 경우도 있고 그만의 독특한 문제해결법인 경우도 있다. 그럴 경우, 상대방에게 넉넉한 공간을 허락해서 자신의 문제를 스스로 해결할 수 있도록 허락하고 기다려 주는 것이 필요하다.

가족 간에도 각자가 해결해야 할 과제들이 남아 있고 또 그 해결과정을 서로 도와주며 함께 성장해 나갈 수 있게 된다. 그래서 정직한 소통과 상대방의 입장이 되어보는 것이 중요하다. 내 입장만이 아니라 상대방의 입장에서 이해하게 되면 그 사람의 밑 마음과 가슴에 남아 있는 숙제들을 알게 되어 이해하기 쉬워진다. 그러기에 세상 모두가 비난하는 사람에게도 가족들은 판단을 넘어서 이해하고 포용하려고 노력하기에 함께 극복하고 함께 성장해 나갈 수 있게 된다.

물론 우리가 타인의 인정만으로 살아가는 것은 아니다. 타인이 아무리 손가락질해도 스스로를 인정하고 귀하게 여긴다면 타인의 태도라는 외부적 조건에 의해서 부화뇌동하지 않게 된다. 그러기에 자신에 대한 믿음과 확고한 신념 그리고 자기존중심은 중요한 요소가 되고 있다. 이렇게 자기긍정과 함께 타인에 의한 인정이 함께한다면 더없이 좋을 것이다. 그러나 상황이 그러지 못하다고 해도 어린아이가 아닌 성인의 경우에는 외부적 여건보다 심리내적인 자아존중감과 자기가치가 더 큰 영향을 미칠 것이다. 그러기에 동굴에서 면벽하고 살아가는 사람도 있고 감옥에 갇혀 대부분의 시간을 지낸 사람도 자기애와 자신의 가치를 유지하면서 살아갈 수 있는 것이다. 이런 극단적인 경우가 아니라도 스스로에 대한 자존감의 유지는 우리의 일상생활에 많은 영향을 미치고 있다.

나잇값

며칠 전 출근하는 길에 이상한 장면을 목격하게 되었다. 신도시 학교 담벼락 옆 산책로에 청소년 5~6명이 둘러 앉아 휴대폰을 들여다보고 있었다. 그런데 바로 옆 의자도 비어 있고 다른 공간도 많은데 하필이면 사람이 다니는 길 한가운데를 천연덕스럽게 점령하고 있는 것이 처음 보는 일이었다. 멀리서 보니 많은 사람들이 그 곁을 지나갔음에도 불구하고 모두 비켜가고 둘러가면서 애써 그들을 외면하고 있었다.

한숨을 크게 한번 쉬고 나서 큰 마음 먹고 감정을 가라앉히고서 용기를 내어 그들에게 다가갔다. “학생들 무슨 일 있니? 도와줄까?” 하자 한 학생이 “저 새끼가 자빠져 있잖아요”라고 했다. 정말 한 학생이 힘없이 길바닥에 드러누워 있었고 다른 친구들은 그 주위를 감싸고 앉아서 휴대폰을 가지고 놀고 있었다.

장애인복지관장 12년의 경력으로 바로 상황을 알아차렸다. 누워 있는 친구가 뇌전증(간질)발작이 일어났고 다른 학생들은 그 친구를 보호하기 위해서 둘러앉아서 시선폭력을 막아주고 있었던 것이다. 다행히 상황은 종료되어 내가 말을 걸자 다들 일어나기 시작했다. 아무 일 없다는 듯이 "잘 가라"고 인사하자 다른 학생 하나가 "안녕히 가세요"라며 연거푸 세 번이나 똑같은 인사를 반복했다. 돌아서서 유심히 보니 인사한 학생은 지적장애인으로 보였다.

그 길을 지나친 분들에게 학생들은 불량소년들로 보였고 그래서 길 가운데를 차지하고 있었지만 후한이 두려워 다들 외면했던 것이다. 그러나 실상은 장애를 가진 친구를 보호하기 위해서 그들이 취한 기특한 행동이었다. 그날 종일 내 머리를 떠나지 않은 것은 어른 노릇을 하고 나잇값을 한다는 것이 어떤 것이며 무엇일까? 라는 의문이었다. 나이가 들면 사회적 역할이 없어지고 소외감을 느끼는 것이 다반사다. 그렇다고 해서 어른들의 역할이 없어지는 것은 아닌 것 같다. 이 세상은 진정한 어른을 기다리고 있으며 그런 어른들이 없기에 많은 문제들이 나타나고 있는 것은 아닐까?

이런 말을 하면 당장 '요새 애들이 어른 무서워하나? 말 잘못했다가는 폭행당하고 우세당하기 십상'이라고 할 것이다. 사실 그런 일들이 종종 일어나고 있다. 왜냐하면 말을 잘못했기 때문이 아닐까? 그렇다면 어떻게 말해야 잘하는 것일까? 청소년들의 비행을 목격했을 때 그들에게 어른이 취한 태도가 어땠는가? 소리치고 야단치거나 욕하고 윽박지르거나 하는 것이 일반적이었다. 그들에게 정말 어른스러운 태도로 다가갔는가? 잔소리나 훈계조로 화를 내거나 비난하지 않았는가?

대학에서 우리 학생들에게 내가 그런 식으로 말하면 기분 나빠하고 싫어하며 심지어는 그 자리에서 바로 대들고 반발하기도 한다. 그런데 누군지 알지도 못하고, 굳이 알고 싶지도 않은 사람이 기분 나쁘게 말하고 인격을 무시하며 말하는 것을 공손히 받아들일 사람은 요즘 세상에는 많지 않을 것이다. 비행을 저지르는 장면을 목격했다고 해도 어른답게 감정을 가라앉히고 다가가서 말을 걸면, 그들을 십분 이해한다는 것을 전제로 말을 하면 어떨까? 젊은 사람들만을 비난할 것이 아니라 훈계하는 사람들이나 어른들의 태도부터 바꾸어 보면 어떨까?

며칠 전 화단에 핀 꽃을 꺾어버린 어린아이를 보게 되었다. 아이 아버지도 있었고 학교에 다니는 것으로 보이는 큰형도 함께 있었지만 아무도 말리지 않았다. 뒤따르던 내가 아이에게 말을 걸었다. "꽃을 좋아하는구나! 그 꽃 이름이 뭔지 아니?" 하고 묻자 "꽃이 무슨 이름이 있어? 그냥 꽃이지"라며 아이는 퉁명스러운 반말로 되물었다. 다시 내가 "너도 이름이 있듯이 꽃도 이름이 있어, 그건 패랭이꽃이야"라고 했다. 아이는 신기한 듯이 패랭이꽃을 흔들어 보았다.

"이쁜 꽃은 함께 보는 거야. 다음에는 꺾지 말고 그냥 눈으로만 보자. 그러면 다른 사람들도 볼 수 있잖니. 이왕 꺾은 꽃은 물을 주면 오래 살아. 집에 가서 물을 주면 좋아할 거야"라고 하자 "꽃에 왜 물을 주지?"라고 또 반말로 되물었다. "너도 밥 먹고 물 먹잖아, 꽃도 물을 좋아해. 물이 꽃에게는 밥이야"라고 했다. 아이의 아버지는 우리 대화를 조용히 지켜보고 있다 내가 먼저 지나가자 내 뒤통수에 대고 크게 허리를 굽혀 인사했다.

요즘은 어른이 어른다워지고 나잇값을 한다는 것이 얼마나 어려운 일인가를 실감하고 있다. 밥만 축내는 어른이 아니라 이 사회에서 자신의 자리와 역할을 당당히 찾아가는 어른다운 어른이 되기 위해서는 할 일이 어디서든 있는 것 같다.

어른이 정말 어른다워지면 아이들도 배울 것이다. 감정을 다스리고 자제하며 다가가면 상대도 감정을 누그러뜨리고 다가올 것이다. 언제나 나이와 상관없이 누구든 존중하고 예의를 다하면 상대도 예를 갖추기 쉬울 것이다. 어른대접 받기 전에 어떻게 다른 사람을 대접해야 하는지를 몸소 보여준다면 나이 든 사람도 대접받을 가능성이 더 높아지지 않을까? 상대의 태도는 상대에게 맡기고 우선 나부터 나의 됨됨이로 상대방을 귀한 사람으로 인격적으로 대해야 할 것이다.

우리가 어릴 적에도 우리의 비행과 장난을 너그럽게 받아주고 어른답게 눈감아주고 직설적인 표현이 아니라 넌지시 훈계해준 집안 어르신들, 선생님들 덕분에 우리가 잘 성장할 수 있었다는 것을 안다. 모른 척 지나치며 헛기침만 하고 가시지만 우리는 그 뜻을 알고 있었다. 지금 아이들도 알고 있을 것이다. 아니면 다른 사람들의 반응을 보기 위해서 약간의 의협심과 반항심에서 더 눈에 보이는 비행을 하기도 한다. 그래서 아직 젊고 그러면서 나이 들고 배워나가고 알아가게 될 것이다.

나잇값을 한다는 것이 얼마나 힘든지, 진정한 나잇값이 무엇인지, 이 사회에 밥값을 지불하기 위한 것이 무엇인지 나이가 들면서부터 자주 되새기게 된다. 젊은이들에게 부담만 주고 치워버려야 할 대상이 아니라 살아 있는 한 사는 듯이 살고 내 몫을 하고 사는 것이 어떤 것인지 순간순간 멈추고 생각해 보게 된다. 어떤 의미에서는 이런 것이 부담이 되기도 하지만 다른 면에서는 이제야 내가 제대로 사는구나 하는 생각이 들 때도 있다.

어리고 뭘 몰라서 아무렇게나 기분 내키는 대로 살아왔고 내가 다 옳고 내 잘난 맛에 살아왔지만 나이가 들어 되돌아보니 스스로 생각해도 부끄럽고 헛웃음이 나는 일이 한두 가지가 아니다. 이런 과정들을 통과해서 지금에 이른 것이다. 그러기에 이 나이에는 제대로 살아야 한다는 각오를 다지게 된다. 얼마 남지 않은 시간적 제약이 더 압박감으로 다가오며 날 재촉한다. 그만큼 살아봤으면 좀 제대로 멋지게 나잇값을 하며 살아보라고...

이 나이에는

이 나이가 되면 지금까지 정말 잘 살아온 것인가 되새겨보게 된다. 최선이라고 한 선택이 과연 최선이었는가? 어떤 사람은 자신이 선택한 배우자가 최악이었다고 푸념한다. 어디 배우자뿐이겠는가? 이 길이 아니면 안 된다고 생각한 것들이 지나고 보면 더 나은 길들이 열려 있었다는 것을 깨닫게 되기도 한다. 이런저런 후회와 회한들을 모아보면 좀 더 여유롭게 생각하고 너무 조급하게 굴지 않았어도 괜찮았을 것이라는 후회가 들기도 한다. 주위의 나이 든 분들의 이런 충고를 듣기도 했었지만 그땐 내 가슴이 막혀서 들리지 않았던 것이다. 좀 더 여유를 가지고 조금 더 넉넉하게 바라보며 살았더라면 더 좋았을 거라는 후회가 들기도 한다.

그리고 또 하나는 내 앞에 놓인 그 많은 막연한 불안감과 어렵게만 생각되던 문제들에 대해서도 길이 있을 거라는 믿음과 신념 또는 긍정성을 가졌다면 더 좋았을 거라는 후회가 들기도 한다. 그땐 왜 그리도 막막하고 불안이 많았는지 모르겠다. 시대가 그랬고 역사적으로도 그랬다. 그럼에도 불구하고 개인적인 여유를 회복하지 못하고 휩쓸려버린 것 같다. 내 앞에 펼쳐질 미래에 대해서 좀 더 긍정적이며 확신을 가졌다면... 우리 사회의 변화와 성장에 대해서도 그리고 개인적인 삶에 대해서도...

그땐 아마도 너무 어려서 그렇지 못했던 것 같다. 이만큼 살고 보니 알게 되는 것이었나 보다. 그러고 보면 이렇게 바라볼 수 있다는 사실 자체가 그만큼의 성장과 안정을 의미하는 것 아닐까? 그렇다면 그렇게 잘못 산 것도 아닌 것 같다. 그래서 나와 같은 후회를 되풀이하지 말라고 후배들에게는 더 많은 잔소리들을 하게 되지만 별 소용이 없다. 내가 그랬던 것처럼, 스스로 깨닫게 되기까지는... 아마 진정한 가르침은 말이 아니라 모범으로써 보여주는 것일 게다. 내가 그렇게 찾았듯이 누군가도 지금 그런 답을 찾고 있을 것이다. 그러니 말은 줄이고 모범으로 살아가는 모습을 보여주어야 한다. 그것만이 진정한 의미와 가치를 지닐 것이다.

삶은 여행으로 어떤 길을 가건 그 나름의 기쁨과 어려움이 함께하며 그 나름의 가치를 지닌다는 것을 진작 알았더라면, 여러 갈래의 선택 앞에서 그렇게도 두려워하지 않았을 것을... 이

길이 아니면 안 된다고 매달리지 않았을 것을... 스스로를 죽이며 희생하지 않았을 것을... 소중한 것들을 놓치지도 않았을 것을...

지금까지 내가 무의식적으로 선택해 온 과정을 뒤돌아보면 진정한 나 자신의 삶을 원했던 것 같다. 여성으로 자신의 삶은 없고 남편과 가족의 삶 속에서 부침하는 어머니를 보며 난 내 삶을, 내가 선택하고 책임지는 삶을 원했었다. 그래서 그렇게 살아왔다. 그래서 내가 원하던 것들을 다 해보았고 많은 자유를 누리며 살아왔다. 그래서 후회는 없지만 그래도 더 많은 다양한 형태의 삶을 선택하고 포용할 수 있지 않았을까 하는 아쉬움은 남는다.

내 삶에 열중하다 보니 가족과 주변 사람들에게 빚진 게 많은 것 같다. 같이 시간을 함께 나누지 못하고 내 일에만 열중한 것, 도움이 필요한 사람에게 충분히 나누지 못한 것, 다음에, 나중에 하자며 미루다 놓쳐버린 것들이 이것저것 떠오른다. 상대방의 입장에서 보면 참 야박하다고 여겼을 일이 많았을 것 같다. 지금이라도 그렇게 진정한 삶을 유예시키고 놓쳐버리는 삶에서 벗어나고 싶다. 그래서 여기저기 전화를 걸어보지만 이미 연락이 끊어진 사람도 많고 이미 저세상으로 떠나버린 사람도 많다.

그래서 이 나이에는 어떤 기회도 다시 오지 않을 것이라는 각오하에 주어진 순간순간에 철저하고자 한다. 다음이라는 말이 더 이상 어울리지 않는 나이라는 것을 알기에... 그러다 보니 전혀 새로운 지평이 열리는 기쁨을 누리게 되었다. 한 순간도 같은 순간이 없으며 매 순간 주어지는 삶이 다 보너스같이 여겨져서 얼마나 고맙고 기쁜지 모른다. 일찌감치 이런 태도를 가졌다면 얼마나 알찬 삶을 누렸을까? 이제라도 그럴 수 있으니 그나마 다행스럽다. 지금 이 순간이 바로 선물이라는 의미를 다시 새기게 된다. 영어로 지금이라는 단어와 선물이 같은 단어인 것이 의미가 있는 것 같다. 그래, 지금 주어진 선물과 축복을 충분히 누리도록 하자.

아마도 내 삶에 주어진 가장 큰 축복은 타인에 의존한 삶이 아니라 내 스스로 내가 좋아하는 일을 하며 그 일들을 통해서 내 꿈과 이상을 펼쳐 나갈 수 있었던 것이다. 객관적인 여건들도 중요했지만 좋은 기회들을 통해서 후회 없이 살아나올 수 있었던 것이 정말 다행스럽다. 지금도 위로가 되는 많은 친구들을 가진 것, 그들과 소통할 수 있다는 것이 정말 귀한 행운이다. 우리 학생들, 장애인들 모두도 내 삶에 큰 축복을 남겼다. 경제적 어려움을 당하지 않은 것도 행운으로 여겨진다. 마음의 상처를 더 많이 받지 않았고 돈과 권력에 휘둘리며 살아오지 않을 수 있었다는 것도 천만 다행이었다. 여러모로 과분한 축복을 누린 것 같다.

고향의 봄

죽은 듯이 서 있던 묵은 둥치에 새움이 돋아나고 생명의 환희가 지천으로 피어나는 꽃 시절에는 유달리 고향이 생각나고 그리워진다. 마당과 담장 옆에 봇물처럼 터져 나오던 꽃들과 들판에서 번져오던 향기가 내 코를 간질거리는 것 같다. 뒷산의 진달래와 뻐꾸기 소리가 그립지만 이미 떠나온 지 오래되다 보니 갈 일도 별반 없고 반길 사람도 몇 남지 않았다. 그래도 고향에서 날 부르는 큰 명분이 초등학교 동창회다. 사실 난 그 학교를 졸업한 사람은 아니지만 모두가 아는지라 아무도 눈치주지 않고 그저 반겨주니 그래서 더 고맙다.

고향의 초등학교로 향하는 기분은 남다르다. 도시를 벗어나서 봄기운이 완연한 들판을 가로질러 종남산 아래로 들어서면 가슴이 먼저 두근거리며 시동이 걸리기 시작한다. 언제나 그 자리를 지키며 기다리고 있는 익숙한 풍경 속으로 첫발을 내디디면서부터 우리는 타임머신을 타고 수십 년 전의 초등학생 시절로 순간 이동하게 된다.

멀리서부터 알아보고 환한 미소를 보내는 친근한 얼굴들, 세월의 무게에 흐려진 기억의 먼지를 털어내면서 서로 껴안고 반가움에 잡은 손을 놓질 못한다. 앞집에 살던 자야, 뒷집 숙이 언니, 옆집 아재, 친구삼촌, 언니와 오빠 친구, 친구 조카까지 서로 얽히지 않은 사람이 없다. 한참을 보고서야 누구 아니냐며 반가움에 소리를 지르기도 하고, 변해버린 모습에 자화상을 보는 듯한 아쉬움이 일기도 한다.

10년 넘게 병든 남편 수발하다 겨우 시간을 내서 온 친구, 친정어머니 간병하다 휴가를 얻은 친구, 딸 손자 키워주느라 서울을 오르락거리는 친구, 아침에도 하우스 돌보고 늦게야 도착한 친구, 돈은 좀 벌었지만 생선장사로 손이 거칠어진 친구, 홀시어머니 점심상 차려놓고 온 친구, 손자 돌보느라 오지 못한 친구, 몸이 좋지 않아 나타나지 못한 친구... 각자에게 주어진 삶의 무게들을 감당해 내느라 숨 가쁘게 살아온 우리들이 봄날 꽃향기와 춘곤증 속에서 아스라이 동심으로 돌아가서 근심걱정 털어버리고 하루의 휴가를 함께 보내는 것은 초등학교 시절 봄 소풍만큼이나 가슴 벅찬 일이다. 겉모습이야 반백을 넘어 올 백이 다 된 나이지만 마음만은 아직도 햇 미나리만큼이나 여리고 보드라워 서로를 대하는 마음에 온기와 물기가 묻어난다. 각자 부둥켜 안고 지고 살아가는 삶의 무게들을 서로 잘 알기에 더 반갑고 더 기쁘게 서로의 존재를 인정하고 위로해 주며 감싸게 된다.

모르는 사람들이라면 저 나이에 주책들이라 여길지 모르지만 그래도 우리 속에 오롯이 남아 있는 어린 아이의 존재를 서로 잘 알기에 오늘 하루만큼은 세상 모든 짐들을 던져버리고 그때 그 시절로 돌아가서 그 운동장에서 뛰어놀던 그 모습으로 회귀하게 된다. 오늘만큼은 우리들 세상이며 우리의 변신은 무죄다. 우리 속의 어린아이가 마음대로 활개 쳐도 좋다. 하루만의 짧은 일탈이고 무장해제다. 그래서 초등학교 동창회는 더 특별한 의미를 지닌다.

벌써 먼 길을 서둘러 떠난 친구들이 늘어나고 아픈 구석들이 늘어나면서 한 해 한 해가 다르게 느껴진다. 우리 모임에서 이미 사라진 친구들도 여럿이다. 돌아오는 길에 들른 사촌언니를 통해서 고향의 친척 안부를 전해 들었다. 이미 아흔을 바라보는 몇 남지 않은 친척들도 한 사람은 치매로 요양원에 갔고 또 한 분은 모르는 사이 작고하셨고 누구는 몸져눕고... 당연한 소식들이지만 쓸쓸하고 안타깝다. 그래도 고향엘 왔다 가는데 빈손으로 보낼 수 없다며 된장 챙겨주고 봄나물 챙겨주는 그 마음이 바로 고향이고 우리의 정인지라 묵직한 보따리를 안고 돌아오는 발길이 아쉬웠다. 멀리 있어도 고향 이름만 들어도 고개를 돌리게 되고 귀가 쫑긋해지는 것은 아마도 우리의 탯줄이 그곳에 있기 때문일 게다.

오늘 만나지 못한 얼굴들을 떠올리며 친구 모두의 안녕을 빌어주었다. 우리가 함께한 시간들이 얼마나 소중하고 행복했는지, 그들로 인해 내 삶이 그리고 이 세상이 얼마나 큰 축복을 받았는지 그 고마운 마음을 민들레 홀씨에 실어 보냈다. 내년 봄에도 청보리 같은 맑은 기대와 희망으로 서로 반갑게 만나자고. 그러기 위해서 우리 앞에 놓인 시간들을 더 알뜰히 채워나가자고. 서로가 각자 앞에 놓인 삶이라는 몫을 잘 챙기는 것이 모두에게 힘이 되고 위안이 된다고. 그러니 다들 건강하고 행복하시라고...

4장

실천을 통한 배움

백조의 노래

부산에 사상공단이 들어서기 시작했던 1970년대 초기부터 사상공단을 배경으로 큰돈을 번 아버지 덕분에, 편안히 부잣집 막내로 자라서 학교와의 인연으로 사상에 살게 되었다. 학교밖에는 아무 경험도 없이 그런대로 살아온 중년여성이 호기심과 약간의 의협심 내지는 사명감을 가지고 이 엄청난 동네에 우연히 발을 들여놓게 되었다. 눈앞에 닥칠 일들은 짐작조차 못하고 책 몇 권 읽어본 짧은 지식으로 막연히 어떻게 되려니 하는 비현실적인 환상과 무지 속에서. 무식이 용기라 했던가? 호랑이 굴 속으로 들어가며 그곳이 어딘지, 뭐하는 곳인지도 모르고 호기심만으로 빨려드는 아이처럼.

그래, 아이의 무지함과 순진함보다 더 큰 무기가 없는 경우도 많다. 모르기에 두려움이 없으며 용기를 가질 수도 있다. 순진하고 욕심이 없기에 더 당당할 수 있고 이권에 관여하지 않는 한 책잡힐 것 없지. 낡은 영구임대아파트에 삶의 생기를 불어넣기 위해서는 아이의 웃음만한 묘약도 없을 것이다. 이곳에 들어온 철부지 아이가 활짝 웃을 수 있고 삶의 생기가 민들레 홀씨처럼 퍼져나가 노란 희망의 꽃을 피우며 봄소식을 전할 수 있을 것인지 아니면 학대받고 쫓겨나거나 그러기도 전에 스스로 야반도주할지는 아무도 모르는 일.

쉰내 나는 나이엔 이미 인생의 단맛과 쓴맛 다 보아 버렸다. 모든 것이 시들하고 의미가 퇴색되어 흥미를 돋우는 일은 별반 없다. '우울증'이나 '암'과 '죽음'이라는 단어들이 더 친숙해지는 시기다. 그래도 우울함 속에서 갱년기의 허무를 받아들이기엔 아직은 너무 억울하다는 생각이 들고 미련이 남는다. 아마 아직은 내 심장의 피가 뜨거우며 식지 않은 것 같다. 영화나 소설같은 환상적인 행운이 주어지는 것이 아니라면 차라리 목숨을 걸고 무엇에라도 마지막으로 뛰어들고 싶은 심정이었다.

나에게는 그래도 공적인 일이 주어졌고 그 일로 많은 보람과 기쁨을 찾을 수 있는 행운이 주어진 것은 사실이었다. 그러나 그 일도 그렇다. 사실 사회복지를 전공하여 가르치는 교수로서 항상 마음에 걸리는 부분이 있었다. 그것은 다른 사람들을 도운 것보다는 내가 가장 큰 도움을 받은 것이 아닌가라는 자괴감 내지 부담감이었다. 실천현장에서 발로 뛰면서 일하는 많은 제자들이나 사회복지사들이 얼마나 어려운 여건 속에서 박봉에 시달리는데, 난 편하게 학교에서 큰소리치며 가르치고 있다는 사실이 부끄럽기도 했다. 그리고 학교에서 가르치는 이론의 한계를 잘 알면서도 애써 모른 척하고 가르치고 있다는 사실 때문에 마음 무거웠다. 사실 우리가 가르치는 이론의 많은 부분은 미국에서 개발된 것으로 서양의 합리적이고 논리적인 사고와 행동양식에 근거를 둔 것이기에 우리 현실에 적용되기 어려운 면이 많다. 이런 사실을 잘 알고 있는 처지지만 모른 척하며 그대로 가르치고 있는 현실과 스스로의 무능에 대한 자책감이 가슴 한편에 무겁게 남아 있었다.

그래서 몇십 년 전 내가 그랬던 것처럼 실습 갔다 온 학생들이 학교에서 배운 이론과 현실과의 괴리 때문에 당혹해하는 것을 무수히 보아 오고 있다. 이제는 대학에서 가르치는 실용학문이 이렇게 현실과 겉도는 것에서 벗어나야 할 때가 되었다는 사실을 뻔히 알면서도 나 자신부터가 별다른 행동을 취하지 못하고 있다는 사실에 스스로도 화가 나기도 했다.

더 늦기 전에 이런 마음의 부담감과 빚에서 벗어나기 위해서라도 새로운 모색을 시도하고 싶은 마음이 있었으며, 내 나이로 볼 때 지금이라는 시기를 놓치게 되면 다시는 용기를 가지기 힘들 것이라는 절박함 속에 빠져 있었던 것이다. 이런 나의 마음을 알아챘는지 의외의 일이 벌어져 버렸다. 한 번도 생각해 본 적도 없고 상상조차 해본 적이 없는 엉뚱한 일이 나에게 던져진 것이다. 말과 생각이 씨가 된다더니...

백조는 죽기 전 생의 가장 아름다운 노래를 부른다고 한다. 쉰내 나는 나이에 처음으로 뛰어든 나의 모험이 아름다울지 아니면 처참할지는 아무도 모르는 일이지만 그래도 눈 딱 감고 뛰어들어 보기로 작정했다. 한 일보다는 안 해 본 일을 더 후회한다기에...

이가라는 사람

복지관에 출근해서 제대로 상황도 파악하지 못하고 쩔쩔매는 나에게 뜬금없는 전화가 걸려왔다. 스스로를 '이가'라고 하며 자기 말만 들으면 모든 문제를 다 해결해 주겠다며 지금 당장 만나자고 했다. 아닌 밤중에 홍두깨라더니 도대체 그가 누군지, 어떤 의도로 그런 말을 하는지, 그 말을 어느 정도로 어떻게 믿어야 할지 그리고 어떻게 하겠다는 건지 도무지 종잡을 수 없었다.

우선, 내 휴대폰 번호를 어떻게 알았는지 물었다. 그랬더니 놀랍게도 지역관할 형사가 알려주었다는 것이다. 그래서 먼저 도와주겠다니 고맙다는 인사를 하고 나서 오늘은 선약이 있어 만날 수 없으니 형사와 만나서 먼저 의논하라고 했다. 그리고 내가 시간이 나면 형사를 통해서 연락하겠다고 했다. 그가 누군지 알고 개인적으로 만날 것인가? 무슨 일이 일어날지도 모르는데... 저런 식으로 나에게 접근해 오는 사람이 한둘이 아닐 것 같은 생각이 들었다.

저렇게 자신 있게 제안하는 사람이 누군지, 뭘 믿고 저런 제안을 하는지, 나에게 뭘 요구하려는지... 한참 동안 얼떨떨했다. 그리고 형사는 왜 그 사람에게 무슨 생각으로 내 번호를 주었단 말인가? 개인정보보호법을 잘 아는 사람이 왜 그랬을까? 나에게 물어보지도 않고... 뭔가 아귀가 잘 들어맞지 않는 것 같아 복잡하고 혼란스러웠다.

그러고 나서도 나는 이가와 여러 번 여러 자리에서 만나게 되었다. 한 번도 내가 먼저 찾아가거나 전화를 한 일은 없었다. 언제나 그가 먼저 나에게로 왔고 전혀 예상치 못한 자리에도 그가 나타났다. 그는 나타날 때마다 다른 모습과 태도를 보여 정말 헷갈리고 종잡을 수 없는 것 같았다. 그러나 모라동에서 비밀은 없는 법이다. 나중에 알고 보니 그는 진짜 모라동을 지키는 사람으로 소문나 있었고 그에 관한 무용담은 소설보다 더했다.

한밤중에 술 마시고 누군가가 소란을 피워 아파트 주민 모두를 잠 못 들게 만들 때, 경찰이 나타나도 진정되지 못하던 상황이 그가 나타나면 순식간에 종료되고, 중요한 행사에서 누군가 객기를 부려도 그가 떴다 하면 싱겁게 상황이 정리되고, 누군가가 그에게 일러줘 손봐주겠다면 슬며시 꼬리를 내리게 되고, 힘 좀 쓴다며 어깨에 힘을 주던 사람들, 강철주먹이라 자랑하는 사람들도 그 사람 앞에서는 눈치를 살피고...

모라동에서 그의 힘과 위력은 법보다 더 높고 경찰력과는 비교조차 되지 않았다. 한번은 주먹 좀 쓴다는 사람에게 내가 이가에 대해서 물었다. 왜 사람들이 그 사람 눈치만 보며 주눅 들어 있느냐고. 그렇게 함부로 이가에 대해서 묻는 나를 어이없다는 듯이 바라보며 대답 대신 되물었다. "이 씨가 차에 뭐 싣고 다니는지 아시오? 톱과 각목, 쇠파이프, 몽둥이, 장 칼 등 모두가 두려워할 물건들만 잔뜩 싣고 다닌답니다." 듣기만 해도 살벌해서 약간 농담조로 '그 사람 무슨 공사업자냐'고 물었다. 그에게 끌려가면 지하실에 갇혀서 죽지 않을 만큼 맞는다고 했다. 나는 왜 그렇게 맞고 누가 그렇게 맞는지 다시 물었다. 그는 누구든 까불면 그렇게 된다며 나한테도 조심하라고 했다. 소름끼치는 협박이었고 마음 약한 나는 간담이 서늘했지만 그럴수록 큰 소리로 그냥 웃어넘겼다. 나의 철없는 웃음과 행동에 이야기해 주던 사람은 내가 뭘 모른다는 듯이 무시하며 가버렸다. 법치국가에 참 어이가 없는 소문이고 말들이지만 그곳의 논리는 법보다는 주먹이 더 가깝다는 것은 나도 이미 잘 알고 있었다.

그는 그 존재만으로도 많은 사람들을 공포 속으로 몰아넣는 인물이었다. 그러나 막상 당사자를 만나보면 보통보다 훨씬 작은 체구에 깡마른 사람으로 어째서 그런 위력과 힘을 발휘하는지 도무지 이해할 수 없는 왜소한 사람처럼 보였다. 그의 날카로운 눈빛을 제외하고는...

그러나 부산의 모 조직에서 일한 사람들은 대부분 체구가 작고 깡마르다는 것은 잘 알고 있었다. 그래서 순진무구한 표정으로 당사자에게 직접 물어보았다. “그렇게 작은 체구로 어떻게 일하세요?”, “일은 주먹으로 하는 게 아니지요” 하고 그가 대답했다. 그래서 “저도 힘으로 일하지 않아요” 하며 씩 웃었다. “우리는 그러고 보니 공통점이 많은 것 같으니 서로 잘해봐요” 했다. 그도 흔쾌히 동의했지만 서로의 속셈은 분명히 달랐을 것이다. 나같이 아무것도 모르는 사람이야 별 생각 없이 순진하게 한 말이지만 그의 속내는 분명 나와는 달랐을 것이다. 그러나 그게 무슨 상관인가? 나는 내 식으로만 그를 대할 것이며 그의 작전에 쉽게 말려들지 않을 것이다. 그러니 정신 바짝 차려야 했다. 어떤 올가미와 올무에 언제 걸릴지 알 수 없기에...

다행스럽게도 나와 그는 크게 부딪힌 적이 없었다. 아마 그의 노련함과 전략 때문일 것이다. 나에게 협박조로 나오는 사람들이 별로 효과를 얻지 못한다는 것을 이미 눈치 챈 그가 나에게는 상당히 이미지 관리를 잘 하는 것 같았다. 누가 무슨 일로 어떤 얘기를 해도 나의 태도는 일관성을 가지며 한결 같았다. 원칙과 법 그리고 상식을 지키며 어떤 사사로운 관계도 허용하지 않았다.

아마 그도 나 때문에 힘들었을 것이다. 이렇게 세상 물정 모르고 꽉 막힌 여자는 처음 대하기에... 누구한테 감히 가르치려 들다니... 하룻강아지 범 무서운 줄 모른다더니, 선생 버릇 고치지 못하고... 그래서 아예 말이 통하지 않는 여자라며 스스로 포기하게 만들었다. 그래서 그는 다른 방법을 찾게 되었고 나를 상대조차 하지 않게 되었다. 그래도 결국은 나에게로 돌려보내졌지만 아무것도 모르는 척했고 실제로도 잘 모르기에 오직 내 식으로 원칙만을 주장하며 고집스레 내 방식을 지켜나갔다.

발효기술

인간은 함께 살아가기 위해서 법과 사회 질서를 만들었음에도 불구하고 동물적 본능과 이기심에는 큰 변화가 없는 것 같다. 생존을 넘어서 더 많이 갖고 더 큰 힘을 행사하기 위해서 총성 아닌 고성과 욕설, 사기, 협박이 횡행하는 또 다른 전쟁을 벌이고 있으며, 돈과 권력을 요구하는 투쟁이 곳곳에서 지속되고 있다. 이 작은 사회도 예외는 아니다. 이 좁은 곳에 조정자로 서 있는 나를 발견하고 이제야 세상사에 입문한 어린아이 같은 느낌이 든다. 일부 이용자들은 계속해서 내가 원리원칙만 말하는 것이 답답하다고 했다. 안 되면 뒤집겠다고 협박하며 목을 조이고 있다. 게임의 법칙을 바로 세우는 것, 원리원칙을 지킴으로써 새로운 질서를 만드는 것이 나의 의도이자 목표였다.

그들은 자신들의 노력으로 학교법인이 들어왔다고 생각했다. 그래서 그 공로를 인정해 달라는 것이며 안 되면 다시 뒤집겠다고 한다. 사실 이렇게 떠들고 다니는 사람들은 몇 명 안 된다. 그리고 그들 간에도 의견이 맞지 않는다. 크게 겁먹을 것 없으며 원리원칙을 세우고 바로 해 나가는 것이 필요했다. 할 테면 해 보라지, 나도 며칠 새 많이 변하고 달라졌다. 정 안 되면 총장 말대로 몇 대 맞지 뭐, 그러면 간단하게 처리될 수 있겠지. 여교수가 복지사업을 하다 폭행을 당했다며 신문에 대문짝만하게 실리고 병원에 누워 있는 사진이 나오고... 아이고 머리야... 협박과 공갈에도 이제는 이골이 나고 욕 듣는 것도 습관이 되어 도리어 씩 웃어줄 수 있게 되었다.

하인즈 워드의 미소가 생각난다. 그의 힘은 그 야릇한 미소에서 나오는 것 같다. 화를 내야 하는 상황에도 웃어주는 힘이 그를 만들었다. 가족배경에서 오는 쓰라린 경험을 넘어서 인생의 쓴맛을 보약으로 발효시킨 사람이 가질 수 있는 여유와 당당한 미소, 내가 이곳에서 가르쳐야 하는 것도 바로 그런 발효기술이 아닐까? 인생의 쓴 맛을 보약으로 바꾸는 기술 말이다.

어릴 적 우리 집은 식초 맛이 기가 막혔다. 온 동네 사람들이 우리 식초를 얻어가서 발효시키곤 했다. 민물회를 좋아하시던 우리 어머니가 낙동강의 풍토병인 간디스토마에 걸렸지만 그 당시에는 약이 없었다. 유일한 방도는 7년간 균이 다시 투입되지 않도록 하는 것으로 모든 음식을 익혀 먹어야만 했다. 그래서 우리 집은 음식에 유난히 식초를 많이 사용했고 발효기술이 발달하게 되었다.

어머니는 식초병을 따뜻한 부뚜막 한 구석에 귀하게 모셔두고 풋감이나 과일, 막걸리 등을 넣어주면서 '니캉내캉 같이 살자 니캉내캉 같이 살자'라는 말을 반복하시며 흔들어 주고 정성을 다하셨다. 어릴 적 이런 기억들이 지금의 나에게 시사하는 바가 크다. 나도 장애인들을 따뜻하게 대하며 정성을 다해서 돌보면 세월이 지나면서 떫은 감이 새콤하고 약이 되는 감칠맛 나는 식초가 되는 것처럼 장애인들도 치유되도록 돕는 과정에 참여하고 있는 것이 아닐까?

그래 좋다, 나도 이 나이까지 이만큼 살았으니 뭐가 더 아쉬운가? 지금 죽어도 호상이라고 호기를 부려보지만, 어떻게 이 모든 과정을 헤쳐 나갈 수 있을지 이만저만 걱정이 아니다. 장애인복지관을 맡고서부터 나의 기도가 길어졌으며 초자연적인 힘에 대한 간구가 더 절실해졌다.

"나도 한 때는
떫은 감이었다.
비바람에 젖고 흔들리며
세월을 견디다 보니
단감이 되고 홍시가 되었다.
너도 그렇다."

우연히 접한 무명 시인의 글이 머리에서 맴돈다. 그래, 우리 삶이 그런 것이지... 세월을 통해서 숙성되든지 아니면 곪아 썩어버리든지 그것도 아니라면 상처투성이로 남든지. 그렇게 만들어진 홍시가 다시 몸에 좋고 맛있는 새콤한 식초가 되기까지 또 다른 세월의 담금질을 거치겠지.

실천을 통한 배움

실천현장에서 일한 경험은 지식과 실천의 차이를 인정하며 스스로 얼마나 안일한 가르침에 머물렀는가를 알고 반성하는 계기가 되었다. 그래서 전문적 지식을 실천해 보고 확장해 나가며 이해의 깊이를 더하게 되었다. 복지관 일을 하면서부터 수업 방식을 바꾸고 내용도 실질적인 수업으로 바꾸면서 학생들의 호응을 얻었고 스스로도 활기 찬 수업을 할 수 있게 되었다. 전문적인 지식을 실천해 보고 새로운 기술을 얻게 되었을 뿐만 아니라 진정한 도움이 무엇이라는 것도 다시 알게 되었다. 더 나아가 다양한 태도를 가진 여러 유형의 사람들을 대하고 도움을 제공하는 나눔에 대한 새로운 식견과 영감도 얻게 되었다.

그것은 어떤 어려움 앞에서도 그들과 진정으로 함께하려는 마음만 있다면, 그 마음을 사랑이라 해도 좋고 자비심이라 해도 괜찮으며 인간애 또는 연민이라고 해도 무방할 것이다. 아무튼 그런 진솔한 태도와 바른 염원을 가지면 어떤 어려움도 헤쳐 나갈 수 있는 힘이 주어진다는 영적인 가르침을 얻게 되었다. 많은 경우 스스로도 정말 어떻게 해야 할지 도무지 알 수 없는 경우가 많았다. 그럼에도 불구하고 그들과 진정으로 함께하고 그 순간에 철저히 존재하며 마음을 열 때마다 매 순간 주어지는 지혜와 축복이 있었다.

그래서 사람의 머리나 생각으로는 상상조차 하지 못한 해결책이 제시되기도 하고, 나눔 자체를 통해서 서로의 존재를 인정하고 영혼을 채워주는 축복이 일어나는 것을 알게 되었다. 그 무엇은 위안, 용기, 인내, 관용, 새로운 시각, 교감, 용서 중 어느 것 또는 모두일 수 있고 그 이상일 수 있다. 비록 문제 자체는 해결하지 못한다고 해도 찾아온 사람들은 마음의 위안을 얻기도 하고 털어버리기도 하며 힘과 용기를 얻을 수 있었다.

그러기에 문제의 해결이 아니라 문제를 안고 살아가거나 문제가 더 이상 문제가 아닌 것으로 시각이 바뀔 수 있게 되었다. 온전하게 들어주고, 진정으로 마음을 함께하면 인간의 지식과 식견을 넘어선 전혀 다른 문이 열린다는 것을 확신하게 되었다. 이러한 과정은 각자의 경험을 통해서 스스로 깨달음으로써 개인적 경험의 폭과 실체가 더 넓어지고 확장될 수 있을 것이다.

장애인들이 제시하는 문제는 대부분 해결될 수 없는 것이지만, 그래도 그들에게 또 다른 도움을 제공할 수 있게 된다. 경청, 공감, 진솔한 관심, 반영 그리고 때로는 함께 눈물을 흘리는 것으로도 돌봄과 섬김 또는 치유가 일어날 수 있는 것이다. 함께하는 것만이 우리가 나눌 수 있는 전부인 경우도 많았고 그것으로 충분한 경우도 있었다. 그래서 진정한 치유가 어떤 것인지도 알게 되었다. 물질적인 도움이나 치유도 중요하지만 마음의 치유와 영혼의 위안은 어떤 어려움도 극복해 나갈 수 있는 기적 같은 힘을 제공하며 삶의 버팀목이 된다는 것도 알게 되었다.

불만으로 가득 찬 사람들, 몸의 상처와 함께 마음과 영혼까지 다친 사람들, 어떤 목적을 가지고 수단과 방법을 가리지 않는 사람들, 도덕적인 가치와 법질서조차 통하지 않는 사람들, 수십 명, 수백 명의 데모대 앞에 홀로 서야 하는 처절한 상황들과 이들을 설득해 내야 하는 외롭고 힘겨운 과정들... 이 모든 상황들을 두 번 다시 되풀이하고 싶은 마음은 없지만 더 이상 상처로 기억되지는 않는다. 이 모든 상황에도 불구하고 그리고 이런 험악한 상황을 넘어서 사람들 간에 나누어지고 흐르는 또 다른 물결과 흐름이 있다는 것을 이제는 안다. 이런 어렵고 힘겨운 과정들을 통해서 전문가로서뿐만 아니라 인간적인 성장을 이룰 수 있는 축복받은 귀한 기회가 되었다.

내가 관장으로 그들에게 베풀었던 것만큼, 아니 그 이상으로 나는 그들로부터 사랑받았고 이 일을 통해서 배우고 성장하게 되었다. 내 삶이 의미 있고 가치를 지닐 수 있으며, 진정한 치유자가 되고 싶었던 나의 소망이 이 일을 통해서 서서히 채워져 감을 알게 되었다. 그동안 살아오는 과정에서 겪은 모든 경험들이 다 의미 있고 좋은 도구가 된다는 사실도 큰 위로가 되었다. 나를 지치게 만들었던 사람들을 기억하면서 다른 사람들을 더 많이 이해하는 계기가 되었고, 그들이 나를 강하게 키워주었다는 사실에 감사함을 느꼈다. 장애인들이 처한 비루한 현실을 생각하며 나에게 보낸 무례와 수모를 용서할 수 있었고 나에게 주어진 모든 축복에 대해서 깊은 감사와 책임감을 느꼈다.

내 마음 깊은 곳에서 어려움에 처한 이들에 대한 따뜻한 이해가 흐르는 것을 보며 내 영혼이 먼저 데워지고 위로받았다. 삶에서 진정으로 우리가 원하는 것을 먼저 베풀 때 되돌려 받는다는 법칙을 조금이나마 알게 되었다. 내가 먼저 위로하며 다가가고 이해해 주려고 성의를 다할 때 그들은 말없이 나를 이해하고 신뢰하기 시작했다. 가장 낮은 곳으로 나를 끌어내림으로써 겸손을 배우게 되었고, 어이없는 끈질긴 괴롭힘을 당해봄으로써 너그러움과 관용의 진정한 의미를 배우게 되었다.

장애인을 위한 일들은 학교나 우리 부모님, 값비싼 등록금 등 그 무엇으로도 배울 수 없었고, 그 누구도 내게 가르치지 못한 소중한 것들을 가르쳐 주었다. 그들과 함께 겪은 삶의 과정은 나에게 섬김이 무엇인지 알게 해주었으며 나를 진정한 삶의 길로 이끌어 주었다. 삶이 나에게 전해준 너무도 많은 기대치 않은 축복을 생각하면 그 감사함에 숙연해진다. 나의 작은 노고가 그들의 삶에 다소나마 도움이 되었다면 더할 수 없는 영광이다.

김치볶음밥

나는 매운 음식을 잘 먹지 못한다. 그래서 한국인임에도 외국에 나가서도 김치를 크게 아쉬워하지 않고 평소에도 백김치를 더 좋아한다. 그런 내가 김치볶음밥을 이 세상에서 가장 맛있는 최고의 식사로 먹은 적이 있다. 나에게 이런 행복한 순간을 만들어 준 사람은 우리 졸업생으로 오랜만에 만난 시각장애인이었다. 그는 내 강의가 있다는 것을 알고 나를 만나기 위해서 일부러 신청했다고 한다. 그러면서 식사대접은 본인이 하겠다는 마음을 먹고 나왔다고 했다. 말만 들어도 배부르고 고마웠다. 사실 이 사람은 오래전에 졸업한 학생으로 그가 어디서 일하고 있는가는 알고 있었지만 특별한 계기가 없었기에 그동안 한 번도 직접 만나지 못했던 사람이었다.

한때 우리 학과에는 시각장애인이 유달리 많았다. 그 이유는 나와 인연이 있던 사람을 통해서 시각장애인들도 사회복지 공부를 하는 것이 좋을 것 같다고 설득했기 때문이었다. 내 말을 들은 사람이 혼자 와서 공부하면 힘들 수 있으니 함께 가자며 여러 명이 한꺼번에 몰려오기 시작해서 몇 년을 이어서 많은 시각장애인들이 우리 학과에서 공부하게 되었다. 그런 인연으로 내가 장애인복지관장을 할 때도 시각장애인들과 잘 지냈고 이들과 동료가 되어 많은 도움도 받았다. 그래서 시각장애인계에서는 우리 졸업생들이 지금도 큰 역할을 하고 있다.

그런데 이 사람은 성격적으로 조용한 사람으로 드러나지 않게 자신의 분야에서 묵묵히 일하는 사람이다. 그런데 그때 나의 권유로 공부한 것이 자신이 성장하는 데 큰 도움이 되었다며 꼭 인사를 하고 싶었다고 했다. 그 말을 들으니 내가 더 고마웠다. 자신의 자리에서 묵묵히 최선을 다하며 일하는 졸업생들을 만나면 그렇게 고마울 수가 없다. 그들이 우리나라 복지의 든든한 주춧돌 역할을 하며 그런 사람들의 노력으로 좀 더 나은 세상으로 변해간다고 믿기 때문이다. 그들이 하는 일은 꽃자리가 아니어도 이 세상 한 귀퉁이를 아름답고 살만한 세상으로 만들어 가는 일이기에 더없이 귀하게 여겨진다.

30년 이상을 학교에 있다 보니 졸업생들이 많다. 그중에서 소식이 궁금하고 특별히 생각나는 졸업생들도 있다. 장애를 가진 학생들, 유난히 큰 어려움에 처했던 학생, 특별난 상황을 겪었던 학생들이 기억에 남는 졸업생들로 이들이 잘 지내는지 소식이 궁금해지기도 한다. 그중에서 몇 명은 꼭 만나보고 싶었다. 내게는 소위 말하는 아린 손가락들이었다.

이런저런 일로 바빠서 경황이 없던 어느 날 전화가 왔다. 어머나! 너구나! 잘 지냈니? 단박에 목소리를 알아들었다, 산천이 두 번이나 변한 시간의 공백이 있었음에도 불구하고. 그리고 며칠 뒤 약속한 날 내 앞에 멋진 청년이 나타났다. 내 눈에는 아직 청년이었지만 사실은 중년으로 접어드는 나이였다. 아무 말 없이 그냥 꼭 안아주었다. 딱히 지나간 사연들을 다 털어놓고 싶지도 않았을 것이고 나도 굳이 다 알고 싶지도 않았다. 지금 이 순간 건강한 모습으로 다시 내 앞에 서 있는 것만으로 충분했다. 작은 일로 의논하기 위해서 왔기에 나는 성의껏 도와주었다. 그 후로도 잘 지내고 있다는 소식을 바람결에 듣고 있다. 정말 다행스럽고 그 사람다운 일이다. 어디서나 잘 살아갈 것으로 믿었던 사람이기 때문이다. 삶의 과정에 생각지도 못했던 굴곡이 생기고 아픔이 온다고 해도 그 모든 과정을 통해서 더 성장하고 성숙해진 모습이 정말 멋져보였다.

내가 소식이 궁금한 졸업생들 중에는 가족적으로나 사회적으로 관심과 사랑의 결핍을 경험한 학생들이 많다. 그러기에 그들은 더 나은 삶과 더 풍요로운 삶을 위해서 각자의 자리에서 노력하는 사람들이 되었을 것이다. 성장과정에서의 부족함으로 인해서 더 풍부한 인간성과 인간애를 갈망하게 되었으며, 스스로 경험한 부족함을 다른 사람에게 채워주려고 노력할 것이다. 나에게 넘쳐서 다른 사람을 돕는 것보다 나도 부족과 아픔을 경험했기에 더 잘 알게 되며 더 내 일같이 나서며 도와주기도 한다. 이렇게 하는 것이 바로 내가 채워지는 길이라는 것을 알기에. 주변 이웃을 돕는 것이 바로 나를 돕고 내가 치유되는 방법이기에.

나는 우리 졸업생들이 이름을 날리고 뉴스에 나오는 그런 사람이 되어도 좋고, 돈으로 폼 나게 사는 사람이 되어도 좋다. 그러나 그보다는 어디서건 자신의 자리에서 최선을 다하며 주변에서 인정받고 존경받는 사람이 되길 바란다. 출세해서 큰 일 하고 돈 많이 벌어서 기부하는 것도 좋겠지만 그보다 먼저 스스로 마음의 평화를 누리며 발 뻗고 잘 수 있고, 상식을 지키면서 사는 건전한 민주시민이 되길 바란다. 그런 바탕을 가진 사람이라면 작은 회사도 크게 만들 수 있고 큰일을 해도 정도를 지키며 올곧게 살아갈 수 있을 것이다. 그래서 주어진 일이 별것 아닌 것처럼 보여도 사명감을 가지고 일하며 언제나 사람을 귀하고 소중하게 대하는 사람이 되길 바란다.

사회복지분야에서의 일은 대부분이 사람에 관한 일로, 우리와 함께 일하는 사람들은 어떤 의미에서 보나 그리 내세울 것도 없고 자랑스러울 것도 없는 사람들인 경우가 많다. 그들이 제시하는 문제나 어려움들이 다른 사람 눈에는 하찮게 여겨지는 일도 많을 것이다. 세속적인 의미에서는 관심의 대상이 되지 못하는 그늘에서 사는 사람들이며 세상의 피해자들이기도 하다. 그러기에 우리의 진심 어린 관심과 도움이 필요하며 우리가 돌봐주어야 하는 사람들이다. 이들을 귀하게 대접하며 이들에게 진심을 다하는 사람이라면 어느 누구와도 인간적인 관계를 잘 유지하며 자신의 삶을 넉넉한 마음으로 살아갈 수 있으리라 확신한다.

아버지의 사랑

한 여성장애인이 자신의 아버지에게 전하던 말이 생각난다. 이 여성은 아버지가 '자신을 스스로 사랑할 수 있도록 키워주셔서 정말 감사하다'며 아버지의 사랑에 의해서 스스로를 사랑할 수 있는 존재로 성장할 수 있었다고 했다. 장애를 가진 딸을 변함없이 헌신적으로 사랑해 주시는 아버지의 행동을 통해서 스스로도 자신을 사랑할 수 있게 되었다는 것이다. 얼마나 아름다운 아버지의 헌신이며 그 사랑을 통해서 진정으로 소중한 것을 잘 배운 딸인지라 듣는 사람으로 하여금 감동의 눈물이 나게 만들었다. 그러면서 자신은 정말 행운아라고, 이 세상 누구도 쉽게 받아보지 못할 큰 사랑을 아버지로부터 받아온 사람이라고. 그래서 이제는 늙으신 아버지께 그 사랑을 돌려드리고 싶다고 했다.

장애인이 아니라도 스스로를 진정으로 사랑할 수 있도록 배운다는 것은 무엇보다 더 귀한 교육이다. 많은 일들이 스스로를 진정으로 사랑하지 않기 때문에, 스스로 포기해 버리기 때문에 일어나게 된다. 진정으로 자신을 사랑하는 사람이 남을 해칠 수 있을까? 진정으로 자신을 소중히 여기는 사람이 삶을 아무렇게나 낭비할 수는 없는 것이다. 자신의 삶이 소중하기에 타인의 삶도 소중하다는 것을 알게 된다. 더욱이 장애를 가진 사람이라면 그리고 사회에 만연되어 있는 장애인에 대한 편견을 넘어서서 자신을 스스로 사랑할 수 있기 위해서는 진정한 용기와 자신에 대한 신뢰가 요구된다. 그렇다면 어떻게 이런 소중한 태도를 가르칠 수 있을 것인가? 또는 배울 수 있겠는가?

이렇게 귀하고 소중한 것이야말로 말로 가르치고 배우는 것이 아니다. 말이 아니라 실천과 모범으로 배우고 가슴에 새기며 삶으로 전해지는 것이다. 아버지가 딸에게 사랑한다는 말은 하지 않아도 딸을 지극히 사랑하는 행동을 통해서 사랑을 전하고 비록 장애를 가졌다고 해도 여전히 소중한 존재고 귀한 자식임을 변함없이 행동으로 보여주고 실천했기 때문이다.

지금도 많은 장애를 가진 아이들이 부모에 의해서 버려지며 버려지지는 않더라도 가족 모두에게 부담스러운 존재로 여겨지고 있다. 사실 장애를 가진 아이를 키운다는 것은 많은 도전을 극복해야 하는 힘든 과정이다. 그럼에도 불구하고 소중한 선물과 기쁨으로 기꺼이 받아들이고 감사하며 최선을 다하는 사람들도 많다. 이런 과정을 통해서 전혀 새로운 능력을 개발해낸 사람들도 있다. 특히 장애아를 가진 부모들은 아이를 위해서 헌신하다 보니 자신의 아이만이 아니라 장애아와 장애인 모두를 위해서 헌신하게 되는 경우가 많다. 장애를 가진 사람들은 어느 분야에서 일하든 간에 장애인들을 위한 일에 앞장서게 된다. 자신들이 그 고통과 어려움을 잘 알기에 기꺼이 손 내밀게 되고 나누고자 노력하는 것이다.

장애아가 아니었다면 그냥저냥 흘러버렸을지도 모르는 삶이 자녀를 통해서 새로운 의미와 가치를 찾게 되고 사명감을 갖게 되었다는 사람들도 많다. 장애아를 가져봄으로써 진정한 부모됨의 의미를 깨달았다는 사람들도 있다. 장애를 통해서 부모와 자녀 모두가 서로를 귀하게 여기며 진정으로 사랑하는 법을 배우고 삶에 대한 감사를 깨닫게 된 사람들에게는 장애가 큰 축복이 된 것이다.

한 장애아를 가진 젊은 아버지의 말이 생각난다. 자신은 장애인의 날을 반대한다고. 그 이유는 장애인의 날만 장애인을 위한 날이고 나머지는 모두 비장애인을 위한 날이냐고. 모두가 같은 축복과 같은 기회를 누려야 하지 않느냐고. 그 아버지가 자녀를 키우며 얼마나 많은 장애인에 대한 편견의 벽을 경험했고 좌절을 느꼈을지 짐작조차 가질 않는다. 이런 아버지들의 항변이 더 이상 필요하지 않은 시기는 언제 올 것인가? 장애를 가진 자식에 대한 부모의 사랑이 너무 힘들고 어렵지 않길 빌어본다.

이런 것 몰라

우리 복지관에서 마련한 인문학 수업이 이용자들에게 많은 인기를 끌고 있었다. 뭐라고 콕 꼬집어 말하긴 힘들지만 좋은 강의를 듣고 나면 가슴이 후련해지고 자신들의 품격이 격상되는 느낌이 든다며 다들 만족해한다. 그러다 보니 입소문이 번져 강의실이 쉽게 채워지며 아파트 주민들도 소식을 듣고 함께 참여하기도 한다.

이번 강의는 '내 안에 시 있다'는 흥미로운 주제로 우리 대학의 박 교수가 맡았다. 영화 '시'에 나오는 미자 이야기로부터 시작해서 노래 가사로 잘 알려진 김광균의 '어디서 무엇이 되어 다시 만나랴'라는 시 등, 모두에게 친숙한 시들로 채워나가자 여성 이용자들이 더욱더 흥미를 가지며 재미있어했다. 여학생 시절엔

시도 외우고 시집도 사보곤 했는데, 시를 읊어본 지가 까마득하다며 사춘기 소녀 시절로 돌아간 듯이 즐거워했다. 스스로 시인이 되어보자며 시에 괄호치기를 해서 다른 말로 바꾸어 넣는 것도 재미있어하며 가슴 속에 묻혀 있던 시어들을 건져 올리며 월척을 낚은 것처럼 기뻐하고 즐거워했다. 시라는 주제가 어렵고 난해할 수 있을 것 같은데 노련한 강의 경험과 수준에 맞는 맞춤형 수업이 많은 공감을 얻어냈다.

그런데 여기까지는 좋았는데 그 다음이 문제였다. 복지관에서는 통상 프로그램을 실시하고 나면 이용자들의 반응을 알아보기 위해서 설문조사를 하게 된다. 그런데 이하얀 할머니가 다가오시더니 내 손을 끌고 한 켠으로 나갔다. 할머니는 내 손에 꼬깃꼬깃 접은 설문지를 쥐어주며 "나 이런 것 못해"라며 씽긋 웃으셨다. 순간적으로 나는 그 이유를 알아차렸다. 차마 젊은 복지사들에게 털어놓지 못했던 사실을 나에게만 슬쩍 알려주셨던 것이다. "할머니 제가 읽어드릴까요?"라고 물으니 손사래를 치며 "나 그런 것 몰라, 그냥 안 하게 해줘"라며 얼굴마저 붉어지셨다. "할머니 다음에 우리 복지사가 이런 것 하라고 하면 돋보기를 가져오지 않아 볼 수 없다고 하세요"라며 내 딴에는 할머니의 체면을 세워드릴 수 있을 것으로 판단한 말을 하자 할머니는 엉뚱하게 "난 도뵈기 없어"라며 또다시 걱정스러워 하는 눈치를 보이셨다. "할머니 이런 것 안 하셔도 좋아요, 그래도 시를 듣고 좋아하셨잖아요, 그럼 다 된 거예요. 이런 건 별것 아니니 걱정

마시고 다음에도 빠지지 말고 참석하세요"라고 하자 그제야 평소처럼 천진난만한 표정을 하며 홀가분해 하셨다. 할머니는 글보다는 살아오신 세월과 느낌으로 이해하시고 받아들이시는 것 같았다.

문맹인 할머니는 설문지를 받아든 순간이 언제나 긴장되고 곤혹스러웠던 것이다. 글을 모른다는 사실을 남에게 들키지 않기 위해 얼마나 애를 쓰셨는지 모른다. 그래서 나이가 있는 나에게 살짝 알리며 도움을 청한 것이다. 모두가 당연시 여기는 사실조차 어떤 사람에게는 전혀 당연하지 않으며 모두가 아무렇지도 않게 여기는 사실이 다른 사람에게는 큰 상처가 되기도 하고 아픔이 되기도 한다.

글을 몰라 본인 말로 '눈 뜬 봉사'로 지내시던 분이 한글을 깨치게 되자 '봉사 눈 뜬 것만큼 좋았다'고 한다. 글을 읽을 수 있어서 눈이 밝아진 것도 좋았지만 다른 사람들에게 글을 모른다는 사실을 숨겨야 하는 부담감과 열등의식에서 벗어나는 것이 날 것같이 홀가분하고 기뻤다고 한다. 그래서 눈에 들어오는 글은 죄다 읽어가며 어린아이처럼 돌아다녔다고 한다. 속으로 나도 이제는 글을 읽을 수 있다고 외치면서.

내 나이에는 글을 알아도 다른 사람의 도움을 받아야 하는 경우가 생긴다. 돋보기 없이 작은 글을 보아야 하는 순간에는 주변에 있는 젊은이에게 도움을 청하게 된다. 그럴 때 나를 이

상하게 여기며 힐끗 쳐다보는 경우도 있다. 그러면 나도 '자네도 내 나이 되어봐. 내가 이래봬도 6개 국어를 배운 사람이야'라는 말을 속으로 삼키며 너그러운 미소를 보낸다. 다른 사람의 모자라는 부분이나 상처를 너그럽게 감싸주고 덮어주는 것이 나의 아픔도 감추어질 수 있는 방법이다. 서로에게 조금 더 친절하고 배려하는 것이 어떤 거창한 주장이나 이론만큼이나 우리의 삶을 풍요롭고 살맛나는 세상으로 만들어 준다.

꼭 여자에게만 해당되는 것은 아니지만, 여자 나이 60이 되면 배운 사람이나 못 배운 사람이나 마찬가지라는 농담이 있다. 정말 공감한다. 이 나이쯤 되면 학교에서 배운 지식이나 이론으로 사는 것이 아니라 인생에서 배운 지혜와 경험으로 살아가게 된다. 지금껏 배운 교육의 틀과 개념조차 초월해서 자유롭게 살아가지만 어디에도 걸리거나 모자라지 않게 된다. 이런 상태라야 비로소 진정한 교육의 의미와 배움의 가치를 깨닫는 경지가 되며, 아는 것에 얽매이지 않으면서 모르는 것을 모른다고 할 정직함과 용기가 생기게 된다.

5장

여성과 치유

여성과 치유

사회복지분야는 여성들이 대다수를 차지한다. 우리 학과에도 요즘은 남학생이 늘어나고 있지만, 그래도 여학생이 대부분이다. 복지와 서비스 그리고 상담분야에 여성들이 더 많은 이유가 뭘까? 여성적 특성 중 하나인 보호와 양육적 기질이 여성에게 더 강하기 때문일까? 아니면 여성들이 더 많은 보호와 양육을 필요로 하기 때문일까? 내 경험에 의하면 둘 다라는 생각이 든다. 여성이 양육적 특성을 가진 경우도 많지만 그런 보호와 양육을 충분히 받지 못했기에 목말라 하는 경우도 많다. 지금은 양성평등이 어느 정도 정착된 시대라지만 여전히 여성인 딸들이 성장과정에 가정이나 학교 그리고 사회에서 차별받고 무시당하거나 억압받고 인격적인 대우를 받지 못하는 경우가 많다. 최근

에는 여성의 삶이 위협당하는 일조차 자주 보도되고 있다. 그러기에 스스로를 치유하며 다른 사람도 함께 도와나가는 것은 아닐까?

여성이건 남성이건 모두에게 치유, 특히 가슴의 치유가 더 필요하다는 생각이 든다. 순간적인 화를 참지 못해서 돌이킬 수 없는 일들이 벌어지기도 하고, 스스로 삶을 포기하거나, 그렇지 않은 사람도 지쳐 있기에 영혼의 쉼과 치유가 필요하다. 그중에서도 여성에게는 더 많은 치유가 필요한 것 같다. 왜냐하면 단지 생물학적으로 여성이라는 이유만으로 역사적으로 어떤 위치에서 어디에서 살아왔건 간에 더 많이 착취당하고 억압당했으며 사회적 약자로서의 삶을 살았기 때문이다.

우리나라에서도 지금에 와서야 여성의 인권이 보장되고 성에 대한 비인간화가 불법으로 간주되지만 세계 곳곳에서는 아직도 여성은 인간으로서의 기본 권리마저 누리지 못하는 곳이 많다. 우리 사회에서도 여성은 아직도 법적 보장과는 달리 어느 영역에서나 무시나 비하 또는 대상화되는 일이 흔하게 발생하고 있다. 이런 일이 남성과 권력에 의해서만이 아니라 일상의 삶에서 자연스럽게 체화된 부분과 함께 여성들 스스로에 의해서도 자행되고 있다. 어머니가 딸보다는 아들을 더 귀하게 여기고 학생들이 여교수를 업신여기고 여직원이 여성 상사를 우습게 알고... 가부장적 특성과 잔재의 뿌리는 너무나 깊다.

그래서 이런 차별 속에서 어쩔 것인가? 이런 현실에서 여성들은 어떻게 할 것인가? 맞장을 뜨는 것도 한계가 있고 그렇게 하다가는 스스로 더 상하게 된다. 그러기에 초연하게 자신의 일을 하며 실력과 능력으로 그리고 인간적인 품위와 당당함으로 남성과는 다른 품성을 보여주어야 한다. 장애인복지관을 하면서 느낀 것은 내가 여성이어서 다행이라는 생각이었다. 그래서 같이 싸우고 다투기보다는 이해하고 품어주며 다독거려 줌으로써 아픈 마음을 보듬어 주었기에 치유와 성장을 촉진시킬 수 있었다. 지금과 같이 어려운 시대에는 더더욱 여성적 품성들이 발휘될 필요가 있다. 민감성과 공감적 소통 그리고 치유와 화해라는 감성적 접근은 여성들의 주 무기 내지 특성이기에 여성의 품성이 발휘될 수 있는 사회로 만들어 가고 있다. 이와 같이 여성적 품성이 발휘되고 여성의 가슴이 치유되는 것이 인류의 치유와 회복을 위해서 선행되어야 하는 일이다. 그런 여성들에 의해서 남성과 다른 모든 생명체가 제몫을 할 수 있도록 자리매김할 수 있을 것이다. 얼어붙은 마음을 녹이는 것은 따뜻한 해님이듯이 상처 난 인류의 가슴을 달래주고 어루만져 주는 것은 부드럽고 포근한 손길과 애정 어린 접근이다. 그렇다고 해서 남성에게 이런 품성이 없다는 것은 아니며 보편적으로 여성들이 이런 특성을 많이 가지는 것으로 여겨지고 있다.

한 번씩 성당에 들를 때마다 문 앞에 서 있는 성모마리아상을 보며 많은 생각에 잠기게 된다. 대문 앞 어둠 속에서 우리를 기다리며 서성이던 어머니 같기도 하고 그 자애로운 모습 앞에 설움과 울분을 토하는 눈물이 쏟아지기도 하고, 아픈 마음과 상처받은 가슴을 위로받기도 한다. 내가 평생 본받고자 하는 예수나 부처의 모습과는 또 다른 품성으로 위로와 위안을 느끼게 된다.

이 땅에서 여성들이 이제껏 살아온 삶의 족적들이 아직도 많은 치유와 회복을 요구하고 있다. 이런 일들은 남성에 의한 회복도 필요하지만 여성 당사자들이 그 모두를 털고 일어나며 자신의 삶을 더 깊이 사랑하고 더 소중이 여김으로써 스스로 굳건히 일어나는 것도 중요하다. 그럼으로써 여성들 간에 그리고 다음 세대를 위해서 더 평등하고 인간적인 삶을 살아갈 수 있는 터전을 마련하고 이끌어 나갈 수 있게 될 것이다.

어떤 의미에서는 이 땅에서의 삶이 여성만큼이나 남성들도 힘들었을 것이다. 가족을 부양해야 하는 의무감으로 인간적인 욕구마저 억누르고 힘들게 일하며 책임을 다하려는 모습을 보며 고마움과 측은함을 느끼게 된다. 그러기에 모두가 함께 치유될 필요가 있다. 그래서 성의 구분을 떠나서 인간으로 다 같은 생명체로 모두가 공존하며 평화를 누릴 수 있도록 힘을 합해 나가게 된다. 그래서 인간을 넘어서 모든 생명체가 어떤 조건이나 상태와도 상관없이 생명 그 자체로 존중받음으로써 평화로운 공존을 이루어 갈 수 있지 않을까?

눈물보따리 선물보따리

우리 어머니는 그 시대의 다른 여성들과 비슷하게 당신의 삶에 많은 회한과 서러움을 지니고 사셨다. 당신의 삶에 대한 감사보다는 많은 상처와 고민덩어리들을 가슴에 품고 계셨다. 어머니가 자주 이야기하는 상처는 아버지가 바람을 많이 피웠던 것, 아들을 늦게까지 낳지 못해서 애를 태웠던 것, 아버지의 소식을 알지 못한 채 전쟁 통에 출산까지 한 것, 아버지가 자꾸만 사업을 벌이며 키워가는 것을 지켜보아야 하는 불안감, 아버지의 잦은 수술과 병수발로 애를 태운 것, 시집살이의 서러움, 큰살림을 도맡아 하는 부담감, 제사가 많았던 것, 아버지의 성격이 격하고 신경이 날카로운 것 등이었다. 여기에 더해서 당신은 신여성이 되어 사회적으로 큰일을 하고 싶었지만 좌절된 것에다 외가가 독립운동하다 온갖 서러움을 당하며 몰락한 것까지 포함되었다.

나는 어릴 적 이런 어머니의 눈물보따리 이야기를 한두 번 들은 것이 아니어서 지겹기도 하고 대부분의 잘못을 아버지 탓으로 돌리는 것이 안타깝기도 했다. 더구나 나의 아버지가 어머니에게 그다지 살갑고 친절하게 대해주지 못했다는 사실 때문에 아버지에 대한 분노감과 함께 내 자존감에 상처를 입기도 했다.

그러나 내가 성장해서 다시 그런 이야기들을 들었을 때는 어머니의 이야기에는 많은 모순과 틈새 그리고 편향된 시각이 존재한다는 것을 알게 되었다. 우리 부모님 세대는 식민시대와 전쟁, 기아 등 세계사적으로도 적지 않은 어려움을 겪은 세대였다. 그런 시대를 살아온 사람치고 우리 어머니는 많은 혜택과 특권을 누린 사람이었다.

그 시대 대부분의 한국인들이 겪은 가난을 어머니는 별반 겪지 않았고 아버지의 카리스마적인 성격으로 인해서 많은 보호를 받았으며 남들이 부러워하는 부를 누렸고 사업적으로도 번창해온 시기였다. 그래서 외며느리로서 많은 식솔들을 거느리고 큰 살림을 도맡아 한 것은 부담이 아니라 혜택을 누린 것이다. 아버지의 병 수발을 자주 든 것도 큰 혜택이었다. 그 시대에 많은 사람들이 돈이 없어 그런 수술조차 받지 못한 채 죽어갔고 그래서 가슴에 한이 맺힌 사람도 많았다. 병원에서도 최고급 서비스를 받은 것은 고생이 아니라 특혜였다.

그리고 아버지가 바람을 피우고 아들을 낳지 못해서 노심초사한 것과 시집살이의 서러움 등은 그 시대적 사회상이나 제도 내지 관습과 맞물린 것으로 우리 아버지 혼자의 잘못과 탓으로 돌릴 일이 아니었다. 도덕군자가 아닌 한 그 시대의 돈 있는 남자들의 보편적 가치관이었으며 우리 아버지가 특별히 나쁜 사람은 아니었다. 그리고 아버지가 예민하고 좀 유난한 성격을 지닌 것도 외아들로서 많은 특권을 누리고 자라난 사람의 성격적 특성일 뿐이었다.

더구나 외가가 독립운동을 하다 희생을 당한 것은 안 된 일이지만 지금에 와서는 자랑스러운 일이기도 하다. 그리고 어머니가 못다 한 사회적인 일들을 딸들이 그런대로 잘 해내고 있지 않은가? 그럼에도 불구하고 어머니는 이 모든 것을 유독 아버지 탓으로 돌리며 많은 원망을 삭이며 사셨다.

이런 어머니의 태도는 아버지에게도 큰 부담이 되었으며 우리 가족 모두에게 좋지 못한 영향을 미쳤다. 더구나 이미 다 지나간 일들이라 되돌릴 수 없고 벗어날 수밖에 없는 일이었지만 좀처럼 그 기억의 늪에서 헤어나지 못하셨다.

그래도 우리가 볼 때는 이해가 가지 않는 점이 있었다. 그것은 어머니가 아버지에 대한 원망에도 불구하고 당신 나름대로의 삶을 잘 꾸려가셨고 아버지에 대한 기대보다는 당신의 삶을 더 큰 봉사와 헌신으로 잘 이겨내셨다. 그럼에도 불구하고 감정적으로는 털어버리지 못한 응어리를 품고 계셨고 가정과 어머니의 욕구에 무심했던 아버지에 대해서는 마음속으로 용서가 잘 되지 않았던 것 같았다.

이렇게 한 사람이 살아온 삶의 경험은 그 시대적 배경과 가치관 그리고 역사적 사건들이 모두 얽혀 있다. 그래서 그 시대적 배경을 무시하고 개인 탓으로만 돌릴 수 없게 된다. 특히 우리 부모 세대는 시대적으로 격동과 변화의 시기에 많은 어려움을 겪은 분들이다. 그렇기 때문에 개인적으로도 많은 희생과 좌절 그리고 인내가 요구되는 시기였다. 그러기에 더더욱 개인적인 선택이 요구되었다. 즉, 부족한 점과 좌절에 초점을 맞출 것인가 아니면 그런대로 살아내고 누린 것에 초점을 둘 것인가에 따라서 우리 삶에 대한 태도가 전혀 달라질 수 있다.

어느 누구나 자신의 삶에 대한 이야기들을 가지고 있다. 그 이야기는 무수히 많은 삶의 경험 중 특정 부분들을 스스로 편집해서 만들어 낸 것이다. 그래서 우리 각자는 자신의 이야기의 주인공이며 동시에 저작자라고 할 수 있다. 그렇다면 어떤 이야기를 만들어 낼 것인가가 문제다. 왜냐하면 우리가 만들어 낸 이야기에 의해서 다시 우리가 살아가게 되기 때문이다. 사람은 자신이 만든 잠자리에 자게 된다.

이런 이야기치료의 원리를 이해하고 기회를 보고 있던 어느 날, 드디어 내가 용기를 내어 어머니에게 조금은 조심스럽기도 했지만 단호한 도전장을 던졌다. 어머니는 당신이 얼마나 많은 특권을 누렸는데도 그 모든 것에 대한 감사와 고마움은 잊고서 아버지만 원망하느냐? 그 시대를 살아온 사람 중에는 얼마나 큰 역사적이고 개인적인 고통을 당한 사람들이 많은 줄 아느냐? 정신대에 끌려가지도 않았고, 직접 전쟁을 겪지도 않았고, 피난살이의 서러움을 겪지도 않았지 않느냐? 자식들에게 밥을 주지 못하는 설움도 없지 않았느냐? 병원비가 없어 가족이 죽어가는 고통을 당한 적도 없지 않느냐? 그 흔한 교통사고도 당하지도 않았고 암에 걸리지 않은 것만 해도 얼마나 큰 행운인 줄 아느냐고 조목조목 따지고 들었다.

그때 내가 말하고자 한 것은 어머니는 당신 혼자만의 관점에 사로잡혀서 부족했던 것과 채워지지 못했던 것에 너무 집착하다 보니, 스스로 희생자적 입장을 취했다는 점이었다. 따라서 다른 것들에 대한 감사와 축복을 누리지도 못하고 기억조차 못하는 것 같았다. 더구나 그러한 선택은 어느 누구도 아닌 당신 스스로 한 선택이었다는 것을 강조했다.

나의 도전에 충격을 받은 어머니는 잠시 말을 잊으셨다. 딸이 덤벼드는 것도 불손하게 여겨졌을 것이고 당신의 아픔과 좌절을 이해하고 위로해 주기보다는 따지고 드는 태도도 섭섭해하시는 것 같았다. 그리고는 많은 생각에 잠기셨다. 사실, 나의 말은 어머니에게 상당히 큰 충격일 수 있다는 것을 미리 짐작하지 못한 것은 아니었다.

그러나 당신 스스로 선택한 눈물보따리를 안고 계속 살아가도록 내버려 둘 수는 없었다. 그러기엔 우리 어머니가 많은 장점과 큰 힘을 지닌 분이었지만 유독 아버지에 대한 것만은 그렇게 집착해 있다는 것을 알고 있는 딸로서는 그냥 넘어가기 힘든 일이었다. 더구나 아버지에 대한 관점을 바르게 회복하는 것이 아버지와 우리 가족 모두를 위해서 필요하다고 여겨졌다.

사실 어머니는 아버지를 무척이나 사랑했다. 어디서나 우리 아버지가 가장 잘생기고 훤칠했다고 자랑스러워 하셨고 아버지의 뛰어난 능력을 믿었다. 그리고 아버지에 대한 보호와 수발을 전심전력으로 다하셨다. 그럼에도 불구하고 당신의 욕구를 채워주지 못하고 자존감에 상처를 입은 일들을 털어버리지 못하고 가슴 속 깊이 품고 계시는 것 같았다. 그래서 나이가 나이니만큼 이제는 그런 집착으로부터 벗어나서 털어버리는 것이 필요하다는 것을 전해주고 싶었던 것이다. 그리고 지혜로운 우리 어머니가 내 말을 충분히 이해하고 새겨볼 수 있다고 믿었기 때문이었다.

그 후로 어머니는 나에게 당신의 눈물보따리를 펼쳐 보이는 일이 줄어들었다. 보인다고 해도 태도가 달라졌다. 다른 사람, 특히 아버지를 탓하기보다는 그땐 그랬었다는 식으로 흘려보내는 것 같았다. 그러면서 당신의 삶에 대한 관점이 조금은 균형을 회복하는 것 같았다. 그 후로는 이제껏 나누지 않았던 내 속마음을 어머니와 많이 나눌 수 있었다. 우리 어머니의 훌륭한 점과 자랑스러운 점을 여러 번 이야기해 드렸다.

아버지에게 목을 맨 상태가 아니라 아버지는 당신 일에 몰두하게 내버려 두시고 당신 나름대로 어려움에 처한 여성들과 가솔들을 위해서 최선을 다하신 점, 따뜻한 가슴으로 이웃과 주변을 돌보신 점 등이 자랑스럽다는 것과 함께 그러한 어머니의 삶이 지금의 나에게도 큰 영향을 미쳤다는 점을 상기시켰다. 어머니의 유머감각이 얼마나 뛰어나고 우리 가족의 삶에 큰 위로가 되고 활력소가 되었는지 모른다는 점 등을 말씀드렸다.

그러다 더 연로해지신 어느 날 어머니는 우리가 고향에서 그렇게 많은 가솔들을 거느리고 큰 농사를 짓고 집에는 온갖 동물들로 가득했던 그때를 돌이켜 보면, 그때는 하루하루가 축제고 잔치였다며 그리워하는 말씀을 하셨다. 그래서 건강이 허락된다면 그때 그 시절로 돌아가서 그렇게 다시 살고 싶다고 하셨다. 그러면서 그땐 그 일들이 지겹고 힘겨워서 언제 해방될지 일로부터 해방될 날만을 손꼽아 기다렸지만 되돌아보니 그때가 가장 행복했다고 하셨다. 나는 어머니가 스스로 만든 자신의 생각이라는 감옥으로부터 벗어나고 있다는 사실이 정말 반가웠다. 그럼으로써 스스로를 치유해 나가는 힘을 회복해 가고 있었다.

지금 이런 일들을 회상해 보면 어머니에게 이야기치료법을 적용했다는 생각이 들어 웃음이 난다. 당신 스스로가 자신을 희생자로 간주하고 서러움에 빠져 있던 것에서 벗어날 수 있도록, 시각의 교정을 가져올 수 있도록 도왔던 것이다. 그래서 당신이 힘을 가졌고 성취해 나온 일들을 재기억시켜 줌으로써 자신의 삶을 좀 더 능동적으로 살아가며 자기다운 삶을 살아갈 수 있고 정리해 나오도록 도운 것이다. 그래서 당신도 마침내 부담이었고 서러움이었던 일들이 얼마나 큰 축복이었는지를 깨달아 나갈 수 있었던 것이다.

이처럼 약간의 시각의 교정에 의해서 우리는 스스로가 만든 생각이나 신념의 감옥으로부터 빠져나와 자신에 대해서 진정한 책임감을 수용하고 스스로의 삶을 어떤 여건이나 환경 속에서도 자유롭게 살아갈 수 있는 힘을 회복해 나갈 수 있게 된다. 그래서 우리의 이야기를 다시 쓰게 되며 그런 새로운 이야기가 우리의 삶을 다시 이끌어 나가도록 할 수 있다.

어떤 여건 속에서도 서러운 눈물보따리를 껴안고 있는 희생자가 아니라 용감하고 지혜롭게 극복해 나가며 스스로의 삶을 펼쳐나가는 주인공이 되며 연출자가 될 수 있다. 실패한 이야기보다는 실패를 딛고 일어선 이야기를 함으로써, 옛날에 얼마나 잘 살고 떵떵거렸는지보다는 지금 얼마나 잘 극복해 나오고 있으며 삶의 기쁨과 감사를 누리는지를 이야기할 수 있다. 그럼으로써 언제나 감사할 줄 알고 기쁨을 누릴 줄 아는 충만한 삶을 이어나갈 수 있을 것이다. 이 모두는 약간의 시각의 교정에 의해서 불교식으로 말하자면 바른 마음자리에 의해서 마음먹기 따라서 달라질 수 있다. 이렇게 바른 시각과 마음자리를 찾아가는 것은 자신의 삶을 재창조해 나가는 멋지고 신나는 승리의 길이 될 것이다.

딸이라는 이유로

내 나이쯤이면 부모님들이 이미 세상을 떠났거나 아니면 지금 이별연습 중에 있는 친구들이 많다. 그래서 부모님 뒷바라지가 중요한 일과에 속한다. 그런데 이런 과정에서 딸들은 가슴속에 부담감을 안고 있는 경우가 있다. 이렇게 되는 이유는 수발 과정이 어려워서만도 아니고 그 부담이 싫어서만도 아니다. 더 근본적인 분노는 다른 곳에 있다는 것을 알게 되었다.

딸들은 성장과정에 부모와 깊은 정서적 교감을 나누면서 성장하는 경우가 대부분이다. 그래서 부모의 사랑을 더 많이 받고 속 이야기도 많이 하고 나이가 들어서는 더 많이 의지하는 대상이 되기도 한다. 그래서 자연적으로 딸들이 부모를 돌보거나 자주 방문하며 심부름과 뒷바라지를 해주기도 한다.

이렇게 잘 지내던 부모들도 재산문제에 부딪히면 태도가 돌변하게 된다고 한다. 그렇게 가깝게 지내며 온갖 심부름 다 해 준 딸보다는 소원하게 지내온 아들에게 전 재산을 고스란히 물려주었다는 사실을 알게 되었을 때의 배신감은 정말 말할 수 없을 정도의 충격이라고 했다.

부모님의 입장은 그동안 잘 키워서 출가시켰으니 잘 살아주는 것도 고맙고 부모에게 살갑게 대해주고 챙겨주는 것도 고맙지만 그래도 재산에 관한 한은 아들이 가지는 것이 대를 잇고 제사도 챙기며 근본이 서는 방법이라 여긴다. 그래서 아들이 잘 살아야 집안이 유지될 수 있으니 아들에게 물려주는 것은 당연한 일이라 여긴다. 딸의 입장에서는 그렇다면 처음부터 아들과 가까이 지내고 심부름과 수발도 아들이 해야지 수발은 편하게 생각되는 딸이 맡아주길 바라고 돈은 아들에게 준다는 것이 너무나 이중적 태도로 여겨진다고 한다. 물론 부모님 수발을 드는 것이 어떤 대가를 바라고 하는 일도 아니고 부모님의 노후를 돌보는 일이 당연한 도리지만 지금과 같은 세상에서 딸들은 식상도 그만두고 자신이 하고 싶은 일도 접으며 수발을 해야 하는 입장이다 보니 경제적 손실과 개인적 희생이 너무 크다는 것이다.

육아 때문에 직장을 그만두고 재취업을 못해 애쓰던 졸업생에게 어렵사리 새로운 일자리를 소개해 주었다. 본인도 너무나 만족해하며 출근을 준비하던 중에 노모가 쓰러져서 입원하게 되었다. 노모는 딸을 불러 자신의 뒷바라지를 맡아주길 원했다고 한다. 졸업생은 며칠간을 고민하다 결국은 또 다시 어머니 간병을 위해서 언제 다시 올지도 모르는 일자리를 포기해야만 했다.

일자리를 구할 수 있도록 도와준 나에게 그간의 사정을 말하며 눈물을 흘렸다. 너무나 아까운 기회였기 때문이다. 몇 달 뒤 그 졸업생이 다시 찾아왔다. 어머니 장례를 치르고 이제는 정리가 되어서 다시 일자리를 찾는다는 것이다. 그러나 그 사람을 위해서 기다리는 일자리는 없었다. 더구나 어머니로부터 아무런 보상도 받지 못하고 자신만 큰 희생을 치렀다는 생각에 분한 마음과 배신감마저 든다며 펑펑 울었다. 생활이 그리 넉넉한 것도 아니기에 딸도 법에 따라 균등분할을 받을 수 있음에도 불구하고 현실에서는 이야기가 달라진다. 게다가 부모님의 편의대로 수발은 딸한테서 받고 재산은 그래도 아들에게 넘기는 부모님의 가부장적 태도가 딸들을 분노하게 만든다.

아무리 딸 아들 구별하지 않는 시대라고 하지만 아직도 기성세대의 마음속에는 가부장적 잔재들이 남아 있고 아들과 딸을 구별하며 자신들의 편의대로 차별하는 태도에 더 큰 상처를 받는 것 같다. 그렇게 자란 딸도 무의식적으로 자신이 아들을 더 귀한 존재로 차별하는 태도를 인식하고서 놀랄 때가 많다고 한다.

시대적 흐름에 따라 생각과 태도에 차이가 나는 것은 어쩌면 당연한 일인지도 모른다. 그렇다면 솔직하게 서로의 차이를 인정하고 서로의 관계에서 조절과 타협을 통해서 기대수준을 맞춤으로써 좋은 관계가 하루아침에 돌변해서 서로 상처 입는 일을 막을 수 있을 것이다. 딸들이 부모를 학대하거나 돌보지 않는 경우는 이런 유형의 사연이 숨어 있는 경우가 대부분이다. 그렇다고 해도 부모를 학대하는 것의 변명이 되고 용서받을 수 있는 일은 아니지만 딸들 또한 성인군자가 아니기에 마음의 상처를 입고 감정적으로 행동하는 경우를 보게 된다.

특히 이런 일이 쉽게 일어나는 가정은 아들이 제구실을 못하는 경우로 이렇게 되면 문제는 더욱 복잡해진다. 제구실 못하는 아들을 생각해서 부모는 한 푼이라도 더 남겨주고 싶고, 딸들 입장은 줘봐야 얼마 갈지 모르고 어떻게 될지도 모르는데, 가족 모두에게 피해만 끼친 사람인데 왜 챙겨주느냐 싶고, 부모는 그래도 안쓰러워 더 연연하게 되고. 가족관계는 이래서 참 복잡하고 한 마디로 단정하기 힘든 것이다. 그래도 가족이기에 개인적인 이해관계를 떠나서 서로를 생각하고 이해하며 조금씩 양보하고 삭이게 된다. 그래서 가족이 유지되고 가족이라는 울타리를 지켜나가게 된다. 그러나 이런 과정에서 더 이상 여성인 어머니와 딸들의 일방적인 희생이 먹히질 않고 있다.

J에게

자네의 이야기를 듣고서 많은 생각을 하게 되었다네. 어린 나이에 그 많은 험한 꼴들을 감당하느라 마음고생이 이만저만이 아니었던 것 같아. 정말 고생 많았어. 듣고 있는 내 속에서도 분노가 치밀어 오르는 것을 느꼈다네. 그런 엄청난 폭풍우가 지나갔다는 사실이 다행스럽기도 하면서 아직도 진행 중인 자네의 아픔과 고통 앞에 할 말을 찾기가 어려웠어. 어린 나이에 철없고 경황없는 속에서도 나름대로 잘 헤쳐 나온 것이 정말 다행스럽고 대견해.

한 사람의 잘못된 행동과 무책임함으로 여러 사람들이 세대를 거듭하며 고통을 이어받고 분노의 사슬과 악연의 고리에서 빠져나오지 못하고 있는 상황이 안타까울 따름이지. 방탕한 아버지와 자신을 도와주지 못하는 무기력한 어머니에 대한 분노를 자네에게 쏟으며 자식들에게 자신이 당한 고통을 대물림하며 스스로를 괴롭히고 있지. 그 사람은 자신의 어머니에 대한 분노와 원망을 엉뚱하게 자네에게 퍼부으며 복수하고 있지만 사실 그런 행동은 따지고 보면 스스로의 실패를 자인하는 것으로, 자신을 향한 분노이기에 스스로를 파멸시킬 뿐이지.

설령 선대에서 어떤 잘못이 벌어졌다 해도 성장과정에서 교육을 통해서 그런 상황과 스스로 분리되어 나올 수 있는 기회는 얼마든지 있었을 게야. 그럼에도 불구하고 새로운 선택을 하지 못하고 대물림하는 것은 본인의 실패이며 스스로의 삶에 대한 무책임함이지. 사춘기 청소년이라면 몰라도 어른이 되었고 가장이 된 지금까지 그렇게 지내는 것은 더 이상 가족이나 부모 그 누구도 탓할 수 없는 일이지. 그런 의미에서 보면 궁극적으로 자네는 그 사람의 패륜과는 아무 상관없는 사람으로 잘못이 없지. 단지 그런 인간과 어쩌다 엮어버린 것이고 상황을 반전시켜 보려고 갖은 노력을 다하고 애써 보았지만 자네의 도움마저 거절당한 것이지.

그는 자신에게 주어진 자네와 가족이라는 마지막 기회마저 뿌리쳤기에 이제는 더 자포자기 상태 속에서 스스로를 괴롭히고 있을 게야. 아마 그의 마음속에도 한편에서는 자네를 붙잡고 놓치고 싶지 않은 마음이 있기도 했겠지. 하지만 스스로 몸에 밴 습관과 나약함 때문에 하늘이 허락한 기회마저 붙잡지 못한 거지. 자신이 놓쳐버린 것이 무엇인지를 그도 알거라 여겨져. 그래서 지금은 더 막 나가고 있는지도 몰라.

부모에게 부리고 싶었던 분노와 진상을 엉뚱하게 쏟아버린 결과가 어떤 것인지를 지금쯤은 알 것이며 아마도 본인의 실수 앞에 난감하고 더 망연자실하겠지. 어느 누가 아무리 도와주고 싶어도 본인이 거부하고 스스로 파멸의 길을 선택한다면 도울 방법이 없지. 끝없이 포기하고 자신마저 학대하고 저주하며 주변 사람 모두를 괴롭히는 사람은 스스로 벗어날 기미를 보일 때까지 내버려둘 수밖에 없지. 아마도 이런 자학 속에는 자신의 무능과 무기력함, 자네와 가족에 대한 죄책감도 포함되겠지. 그 사람의 죗값은 스스로 지고 있기에 자네는 그런 암 덩어리보다 더 지독한 독소에 감염되거나 전염되지 않도록 정신 차리고 자신과 아이들을 보호하고 지키는 것이 우선이지. 그리고 아이들이 그런 집안의 악습을 대물림하지 않도록 바로 교육시키고 아이들이 받는 고통을 보듬어 안으며 잘 보호해 나가야겠지.

아마 이 일이 지금 자네에게 주어진 최대의 과제가 되겠지. 이렇게 아이들을 잘 키울 수 있는 방법 중 하나가 자네가 스스로 건강하게 자신을 지켜나가며 책임 있는 모습으로 새로운 삶을 잘 이끌어 나가는 것이겠지. 말처럼 쉽지만은 않은 일이겠지만 그래도 자네에게는 신앙심이 있고 주위에 도와주는 손길들이 있으니 잘 해 나가리라 믿어. 그런 불구덩이 속에서도 자네가 휘말리지 않고 정신을 차려서 바른 선택을 하고 자기 책임을 다하려는 노력이 너무 대단하고 귀한 것이지. 그래서 정말 다행스럽고 고맙게까지 느껴져.

한 남자의 무절제와 방탕함이 자식들에게 분노와 상처로 이어지고 그래서 엉뚱한 사람에게 복수하고 가장 소중한 사람들에게 아픔을 주며 자기 스스로의 삶을 망쳐가는 어리석기 짝이 없는 모습이 분노를 넘어서 차라리 안쓰럽고 불쌍하게 느껴져. 어쩌다 순진한 사람이 그런 사람과 엮여서 그런 지옥 속에서 지내야 했는지는 알 수 없지만 이 모든 것을 단순히 본인의 업으로 생각하며 더 이상 누구도 탓하지 말고 그냥 그대로 털어버리고 잊도록 하자.

지나간 세월의 아픔보다는 지금 살아야 하고 지금 주어진 삶을 감당하고 이어가야 한다는 사실이 더 중요하지. 그런 추한 꼴을 다 보고서도 스스로 일어나 걸어 나올 수 있고 새로운 삶을 만들어 나가는 자네의 용기에 박수를 보낸다네. 자칫하면 다 같이 썩어버릴 수 있는 상황임에도 불구하고 포기할 것은 포기하고 현실을 수용할 수 있는 자네의 식견이 보통을 넘는 거지. 내 삶을 다른 사람이 망쳐놓았다 해도 그래도 포기하지 않고 스스로 다시 가꾸어 가고 희망을 심어나갈 수 있는 용기는 아무나 가질 수 있는 일이 아니지.

어떤 어려움을 당했느냐가 중요한 것이 아니라 어떻게 극복하고 이겨냈느냐가 더 중요하지. 이런 면에서 자네는 스스로의 선택에 자부심을 가지길 바라네. 지나온 험난한 길은 되돌아볼 가치도 없으며 어느 누구의 잘못으로 탓하며 곱씹을 이유조차 없어. 누구나 삶에 나름의 고비가 있고 감당키 어려운 업보를 지고서도 남들이 보기엔 별일 없는 듯이 살아가고 있다네. 그러기에 본인 혼자만이 당한 일이라며 너무 억울해하지도 말게나. 그보다는 지금 이 고비를 넘어서 새롭게 펼쳐질 자네의 삶에 요구되는 인내와 용기 그리고 관용을 키워나가길 바라네. 그래서 언젠가는 이 모든 일들을 되돌아보며 별일 아니라는 듯이 웃어 넘길 수 있는 날이 오겠지.

그런 사람을 선택하고 인연을 만든 스스로의 선택에 대해서도 더 이상 자책하지 말길 바라네. 그것은 어느 누구도 알 수 없는 일이었고 단지 운이 나빴을 뿐이며 그런 선택에도 불구하고 지금 다른 선택을 할 수 있다는 사실이 더 중요하지. 방탕하고 나약한 가족들 사이에서 분노와 자학으로 일관하는 남자, 여기에 엮여서 아무런 잘못도 없이 당하기만 하던 여자였지만 그 가족 어느 누구도 가지지 못한 큰 힘으로 새롭게 살아가는 모습을 보여주기에 그들 모두에게 경종을 울리며 반성하도록 만들고 있지. 그런 굴레 속에서도 또 다른 길이 있다는 것을 인식하게 될 것이고 용기 있게 다른 삶을 선택하지 못한 것은 그들의 무능과 열등감 때문이라는 것을 알게 되겠지. 그들이 깨닫지 않아도 상관없어. 자신들이 선택한 결과는 스스로 감당할 것이기에.

길고 어두운 터널을 벗어나서 새롭게 시작한 길에 어려움이 없을 수 없고 앞으로도 난관들이 있겠지만 그래도 자네는 잘 버터나갈 수 있을 것으로 믿어. 자네의 용기와 선택을 응원하며 곁에서 잘 지켜보고 있을 거야. 아마도 많은 여성들이 비슷한 경험을 했을 것으로 생각해. 누구도 쉽게 입을 열지는 못하지만 자네와 비슷한 어려움에 처했던 많은 여성들이 자네를 지켜보며 마음속으로 힘을 보태고 있을 거야. 자네가 만들어 나가는 새 길은 다른 여성들에게도 힘이 되고 위로가 될 것이네. 혼자서 너무 힘들어 하지 말고 필요한 사람의 손을 잡고서 이겨나가길 바라네. 본인의 건강과 아이들 잘 챙기고 모두에게 보란 듯이 잘 살아가기 위해서는 우선 자네 자신을 잘 돌보길 바라네.

한 여성방송인이 이혼을 하고서 한 말이 생각나. 내가 뭘 잘못했느냐, 나는 잘못이 없는데 내가 왜 다른 사람 앞에 부끄러워해야 하고 수치심을 느껴야 하느냐, 내 잘못이 아닌데 내가 왜 당당하지 못해야 하냐고. 맞는 말이지. 남들의 얄팍한 관심쯤은 이렇게 솔직하고 자신 있게 말하며 무시하는 게 좋아. 그리고 스스로 당당하게 자신의 삶을 살아가야지. 자네의 앞날에 행운을 비네. 진심을 다해 자네를 꼭 안아주고 싶어.

냉정과 열정

여성복지 수업에서 여성과 남성의 차이 그리고 서로 간의 이해를 돕기 위한 자료를 모으다 '냉정과 열정 사이'라는 책을 발견하게 되었다. 같은 연애사건을 두고 하나는 남자의 시각에서 다른 하나는 여자의 시각에서 쓴 잘 알려진 소설이다. 여자주인공은 편안하고 보장된 완벽에 가까운 남자 곁에서도 마음을 열지 못하다 결국은 자신의 가슴에 남아 있는 옛날 애인을 찾아간다. 남자주인공도 그렇게 잊지 못하던 옛날 여자 친구를 만났지만 그녀가 옛날 자신의 마음속에 남아 있는 그녀가 아니라는 것을 알게 된다.

대학시절의 풋사랑을 떠올리며 서툴지만 지순한 사랑의 이야기에 몰입하게 만들었다. 여자주인공의 대화에 이런 말이 있다.

'완벽한 남자와 함께 산다고 해서 다 행복한 건 아니라고...' 대부분의 여성들은 남자가 또는 남자 파트너가 완벽하지 못해서 자신이 행복하지 못하다고 생각한다. 잘못의 많은 부분을 상대에게 돌리며 자신이 그리는 이상형의 완벽한 남자만 만난다면 동화 속 주인공처럼 영원히 행복하게 살 수 있을 것이라 착각하고 있다. 과연 그럴까?

우선 그런 완벽한 남자가 있을까? 그리고 남자가 아무리 완벽에 가깝다고 해도 내 마음에 쏙 들 수 있고, 나의 모든 욕구를 채워줄 수 있을까? 그런 남자의 욕구를 나도 충분히 채워줄 수 있을 것인가? 여기에 대한 답으로 작가는 말한다. 사람이 있을 곳은 오직 자신의 가슴 속뿐이라고... 내 욕구는 상대가 아니라 내가 채워야 하는 것 아닌가? 상대에게만 의존한 삶은 무력하고 목마른 삶이 될 것이다. 스스로 자신의 삶을 충족시켜 나갈 때 주위 사람도 돌보게 되고 그들의 욕구도 수용하게 된다. 자신에게만 몰입해 있고 나만을 바라봐 주길 바란다면 사랑의 묘약이 다 떨어져 식어갈 때는 (보통 2, 3년 정도라고 하는데) 어쩔 것인가?

명화를 복원시키듯 우리의 사랑도 정성을 다해 만들어 가야 하고, 피렌체 두오모 성당의 종탑에 오르듯 길고 어둡고 좁은 계단을 숨이 차도록 올라서 통과해야 비로소 이루어진다는 은유가 그럴듯했다. 그러면서 깨닫게 된다. 과거는 과거일 뿐이라고, 미래는 알 수 없지만 다가올 100년을 향해 이제는 지금과 현재를 다시 살아야 한다고. 그래서 다시 지금 시작한다고.

그러면 나는 그 시절 어땠는가? 대학 1학년 때 소개팅에서 우연히 만난 남자와 첫사랑에 빠졌었다. 순수하고 선한 눈빛이 마음에 들었고 내 이야기를 열심히 들어주는 태도가 좋았다. 그러나 남자는 애초부터 나만큼 관심이 없었고 집안의 기대와 부담으로 고시공부를 해야 했고 군대를 가면서 별일 없었던 것처럼 헤어졌다. 그 후로도 여러 번 연애를 했지만 왜 그리 마음에 들지 않던지... 성장주기상으로 볼 때 그때는 다 그렇게 미숙하고 어리고 아무것도 보장되지 않은 시기라는 것을 알면서도 그다지 끌리지 않았다. 그러다 독일유학을 함께 가자던 사람은 왜 그리 쪼잔해 보였는지, 미국에서 함께 살자고 목을 맨 남자는 왜 그리 불안스러웠던지... 최고의 스펙을 가진 남자는 왜 그리 가슴이 싸늘하고 쓴 맛이 났는지... 다 그런대로 괜찮은 사람들이었는데 내 눈에는 어찌 그리 못나 보였는지...

지금 생각해 보면 그것은 그들의 잘못이 아니라 나의 잘못된 기대와 불안심리 때문이었다는 것을 안다. 잘생기고 부자이며 카리스마 넘치는 아버지 밑에서 자란 내가 그런 아버지에 더해서 자상하고 재미난 남자를 원했으니, 처음부터 불가능한 일이었고 그런 남자는 존재하지 않는 완벽한 존재, 즉 신에 대한 기대였다. 그렇다면 왜 나는 그런 엉뚱한 기대를 했을까? 이제 와서 생각해 보니 아마 내 속에 있는 불안심리 때문이며 내가 보아온 부모님과 주변 사람들의 결혼생활을 보며 가졌던 불안과 공포심 그리고 실패에 대한 두려움에서 벗어나지 못했던 것 같다.

우리 어머니는 불안도가 높은 사람이었다. 그 불안의 많은 부분은 아버지의 불같고 독선적인 성격에서 나온 것이었다. 아버지도 어려운 시기에 사업을 하며 불안도가 높았고 그것을 가족에게 투사시킨 적이 많았다. 나는 비교적 일찍 학교 때문에 부모와 떨어져서 분리되었음에도 불구하고 이러한 가족의 불안으로부터 심리적으로 분화되지 못했던 것이다.

그리고 인간 모두에게는 기본적인 불안이 있게 마련이다. 그러다 영성공부를 통해 많은 안정을 찾게 되었다. 그런데도 아마도 팔자 때문인지 그야말로 뒤늦게 고르다 고르다 삼베를 고른 격이 되었던 것이다. 이런 과정과 결과에서도 보면 그 시기의 가족의 불안과 깊이 연관되었다는 것이 드러난다. 가족치료전문가인 보웬이 인간이라는 생명체는 기본적인 불안을 가진다고 했지만 나는 좀 더 예민하게 반응했던 것 같다.

가족관계나 부부상담을 하다 보면 두 사람이 진정으로 서로 만나고 협력하기보다는 남자는 남자대로 여자는 여자대로 각자의 미해결된 과제나 문제에서 벗어나지 못하며 서로에게 투사하고, 서로를 진실로 알지 못하고 오해하며 살아간다는 것을 느끼곤 한다. 각자는 자신의 미해결과제에서 벗어나지 못하기에 본의 아니게 상대방에게 상처 입히고 상처받기도 하며 인내로 버텨나가는 경우가 많다. 이런 두 사람이 만들어 내는 관계유형은 지극히 사적이고 그들만의 독특한 유형을 만들어 나간다. 행운이 함께해서 그런 대로 살아가면 좋지만 그러지 못한 경우, 여성에게는 선택의 폭이 좁아진다. 이혼도 아무나 할 수 있는 게 아니다. 미국 최고 부자 남성의 말처럼 돈이 많으면 이혼할 수 있다고, 위자료 물어주고도 살 만큼 충분한 돈을 가진 남자들만 선택할 수 있는 특권이다. 여성의 경우는 더욱 그렇다. 많은 여성들이 경제적 이유 때문에 세월을 죽이며 벗어나지 못하고 함께 살고 있다.

그래서 상담을 받고 전문가를 찾아가서 해결방법을 배운다. 서로 소통할 수 있도록 도와주어 적당히 서로 타협하든지, 서로를 좀 더 이해하고 포용할 수 있도록 도와주기 위해서 상대방의 어린 시절의 아픔이나 고통을 표출할 수 있도록 돕기도 한다. 아니면 각자가 자신의 내면 속 해결하지 못한 문제를 직면하여 스스로 통찰력을 가질 수 있도록 돕는다. 그것도 아니면 이해해서 수용하거나 넘어서서 승화해 나가거나 아니면 선택하도록 돕는다.

아무리 가족이라 해도 자신의 문제에 빠져 있을 때는 주변에 관심이 없고 상대의 고통이나 욕구는 보이지 않게 마련이다. 또한 서로에게 너무 많은 기대를 하고 모든 나의 욕구를 채워주길 바란다면 그 또한 부담스러운 일이다. 그러기에 가족 내에서도 함께와 각각이 서로 균형을 이룰 필요가 있다. 부부라 해도 서로 각각의 욕구를 채우는 것이 중요하다. 그래야 주변이 보이게 되고 들리게 된다. 내 마음의 여유가 먼저 생겨야 하고 내 문제가 먼저 해결되어야 한다.

우리 어머니 세대는 희생하고 숨죽이며 자식 보며 살았다. 그런데 엄밀한 의미에서 희생은 없다. 자식을 위해서 희생했다고 생각하는 어머니들은 그 보상심리로 자식에게 기대하고 자식을 억압하게 마련이다. 지금의 교육받은 세대는 자신이 가장 중요하다고 여긴다. 자식보다 자신의 삶이 더 우선이다. 이렇게 자신의 삶이 중요한 줄 알면 다른 사람의 삶도 중요하다는 것도 함께 알아야 한다. 그럼에도 불구하고 자기만을 먼저 내세우다 보니 이제는 결혼생활이 지속될 것이라는 보장도 없어진 지 오래다. 그러기에 서로 노력하며 상대와 모두의 욕구와 복지를 함께 돌보며 가꾸어 나가야 한다.

가족관계도 열정과 사랑만으로 이루어지는 것은 아니다. 그 뜨거움에 더해서 차가운 냉정과 냉철한 판단과 선택 그리고 책임이 함께할 때 균형과 조화를 이루게 된다. 인생의 단맛은 쓴맛과 함께할 때 더 오묘한 깊은 맛을 내는 것처럼.

야요이와 호박

어릴 적 나는 호박과 친했다. 우리집 텃밭과 들판에는 호박꽃이 널브러져 있었고 가을엔 호박이 여기저기서 넝쿨째 뒹굴었다. 오빠는 호박만 보면 내 친구들이라 놀렸다. 못생긴 여자를 호박이라 불렀지만 난 별로 개의치 않았다. 나는 그래도 호박이 좋았다. 맛도 좋고 풍성한 모습도 좋고, 호박꽃 속 벌을 잡아 빙빙 돌리며 노는 것도 재미있었다. 그러나 호박은 나에게 어린 시절과 고향에 대한 아련한 추억과 맛 그 이상의 의미는 없었다. 그냥 흔하디흔한 호박일 뿐이었다.

그런데 야요이의 호박을 보면서부터 호박의 신세계를 발견하게 된 것이다. 야요이에게 호박은 그녀의 삶 그 자체였고 그 모든 부와 명성을 안겨준 마법 같은 존재였다. 바라보는 시선에 따라서 똑같은 호박이지만 그 의미와 그것이 각자에게 안겨줄 수 있는 선물은 너무도 달랐다. 그렇게 발길에 채이도록 흔한 호박이 부의 상징이라는 것을 단 한 번만이라도 깊이 생각해 보고 고민해 보았다면 내 삶이 달라졌을지도 모른다는 후회가 막급하다.

사실 야요이의 호박을 처음 보았을 때 나는 약간 실망했고 '뭐야, 호박 아냐? 저런 걸 왜? 그래도 모양은 괜찮은데, 왜 저걸 저기에 두어야 할까? 왜 저렇게 땡땡이로 표현해야 할까?' 하는 식의 상투적이고 정형화된 생각에 사로잡혀 있었다. 아마 보통의 사람들은 대부분 나와 비슷한 생각을 했을 것이다.

그러나 야요이는 호박을 새롭게 보았고 지극히 평범한 사물에 새로운 생명을 불어넣었다. 그래서 창조성이 발휘되고 창의성을 인정받았다. 이렇게 평범한 일상성에 새로운 시선과 의미를 보낸 것에 대해 세계는 열광하며 박수를 보내고 있다. 다르게 볼 수 있다는 것, 다른 용도를 찾아내는 것, 신선한 시각으로 재해석하는 것, 이것이 바로 창의성이며 창조력이고 온 세계가 목말라하는 것이다. 이런 새로움과 신선한 시각이 더 나아가서는 인류를 구원할 해답을 찾아 낼 수 있게 할지도 모른다.

야요이의 위대성은 여기에 더해서 그녀의 약점과 병리적인 아픔과 기억들을 예술로 승화시켰다는 점이다. 그녀는 불우한 어린 시절을 보냈고 환각증상으로 실제로 모든 사물이 물방울 모양으로 보였다고 한다. 그런 병리적 현상이 재가공되어 예술로 승화되고 미적 감각으로 되살아난 것이다.

이쯤에서 약간 이상한 생각이 든다. 병리적 현상으로 보이던 물방울을 형상화하자 모두가 열광했다면 그렇다면 모두가 병리적인 것은 아닌가? 약간 엉뚱하지만 그 속에도 참이 있고 뼈가 있다고 생각된다. 왜냐하면 예술이라고 하는 많은 것들이 일상성의 파괴 내지는 다른 해석으로 창조되기 때문이다. 그렇다면 우리의 일상에 뭔가 문제가 있다는 것은 아닐까? 분명히 있다. 일상을 일상으로만 여기며 무관심하고 무의미하게 다루는 것이 문제다.

정형화되고 무의미하게 느껴지는 일상에 얼마나 많은 위대함과 보물이 숨겨져 있는지 모른다. 그저 그런 어제와 같은 오늘이 아니라 내 생애 최고의 날이 될 수도 있고 재앙이 될 수도 있다. 그 모두는 바로 우리의 생각과 태도에 달렸으며 창조적 상상력을 발휘하는가 아니면 파괴와 병적인 어둠으로 몰아가는가는 순전히 우리에게 달려 있다.

내가 야요이를 좋아하는 이유는 그녀의 삶이 기발하며 예사롭지 않다는 점이다. 어떻게 보면 기존의 질서와 상식을 모두 무너뜨리는 파괴자이면서 동시에 정형화된 틀을 과감히 벗어던지고서 엄청난 자유를 누리면서 본인이 느끼고 보는 대로 그대로를 살아가기 때문이다.

그러다 보니 그녀의 삶 또한 일상적이지도 예사롭지도 않다. 팔순하고도 더 넘은 나이에도 빨간 가발을 쓰고 마치 하라주쿠

거리를 떠도는 10대 청소년 같은 차림으로 나타나서 모두를 경악과 혼란에 빠뜨린다. 마치 어린 시절 미루었던 일탈을 이제야 시도하는 것처럼. 바로 이런 고정관념의 파괴야말로 새로움과 창조를 가져올 수 있는 원동력이라고 주장하는 것처럼... 나이와 사회적 지위라는 알량한 껍데기들을 과감히 벗어던지고 아직도 청년 못지않은 열정적인 자세로 살아가는 모습 그 자체가 신선하며 귀하다. 그러기에 늙어가는 지구촌의 인류에게, 그를 바라보는 사람들에게 새로운 삶의 가능성을 열어주며 도전장을 던지는 것 같다. 이렇게도 살아갈 수 있다고, 관념의 틀과 생각이라는 껍질을 벗어던지고 깨어나서 해방되며 자유를 만끽해 보라고.

바그다드 카페

모하비 사막의 황량한 주변 환경만큼이나 먼지 쌓이고 낡아 빠진 카페, 전혀 도움이 되지 못하고 일만 저지르고 다니는 가족들, 그 가운데에 삶에 지쳐버린 한 여성이 살고 있었다. 바그다드 카페 주인의 모습은 일상의 삶에 지쳐버린 여성들의 모습을 리얼하게 보여주었다. 내가 그 영화를 보았을 때 떠오르는 한 사람이 있었다. 어릴 적 본 우리 어머니의 모습 그대로였다.

먼지를 풍기는 길과 그 길을 지나치는 트럭들은 우리 집 앞 버스들로 대치되었다. 장소는 달라도 삶에 지친 여인의 모습은 어쩌면 그리도 비슷하게 느껴지던지... 어린아이 양육과 집안일, 버거운 살림살이, 가족들의 무관심과 비협조, 모든 일을 혼자서 감당해야 하는 버거움과 지쳐버림이 그대로 전해졌다. 우리 어머니는 아이 양육보다는 할아버지 모시기, 집안 일꾼들 건사하고 농사일, 집안 대소사를 챙겨야 하는 버거움, 집성촌의 입방아, 한국사적인 좌우시비의 소용돌이에 휘말린 가족사와 친정 집안의 어려운 현실, 당신의 꿈과 소망에 대한 포기에서 오는 무력감 등으로 인해서 카페 주인만큼이나 지쳐 있었던 것으로 기억한다.

아마 내가 여성의 일상적인 삶을 포기하고 다른 길을 택한 것도 어머니를 통해서 본 여성 삶의 지치고 무기력한 모습 때문인지도 모른다. 여성은 남편 집안의 일꾼이며 집사로 자신의 삶은 포기하고 가부장제도 속에 큰일들을 맡아서 처리하고 책임져야 하는 대리인이었다. 그렇다고 해서 그런 노동의 대가를 챙기지도 못하고 희생만을 강요당하는 모습에다 그 삶에 만족하기보다는 회한으로 가득 찬 어머니의 모습은 참으로 보기 안쓰러웠고 난 그렇게 살지 않겠다고 결심했던 기억이 난다.

그래서 난 그렇게 살지 않기로 단단히 마음먹었다. 그렇게 여성의 발목을 잡아버린 가장 큰 이유는 경제력의 부족이었다. 만약 달리 살아갈 수 있는 방도가 있었다면 어머니는 구태여 그렇게 살고 싶어 하지 않았을 것이다. 문제는 경제력, 더 정확히 말하자면 자립할 수 없었기 때문이었다고 어머니는 강조하셨다. 여자도 경제적으로 자립할 수 있어야 한다고, 그래야 자신이 원하는 삶을 살아갈 수 있다고. 우리 어머니의 통찰력은 정확했다. 부잣집 마나님이었지만 어머니에게는 아무런 실권이 없었다.

돈과 재산은 남성에서 남성으로 전해졌고 그들의 전유물이었으니까. 돈이 있었기에 남성들은 그들이 원하는 일들을 할 수 있다는 것을 알았기에 여성은 재산에 범접하지 못하도록 만들었으며 그것이 여성에게 넘어가면 남성들의 통제력이 무너진다는 것을 알았던 것이다.

그런데 사막 속의 황량한 카페에 기적같이 또 한 사람의 버림받은 여성이 들어오게 된다. 그럼으로써 카페는 전혀 다른 곳으로 변모하게 된다. 여성 둘이 힘을 합쳐서 새로운 삶을 일구어 낼 수 있었다. 그래서 피로에 지친 트럭기사들에게 위로와 휴식을 제공하고 모래바람만 부는 사막이 생명력 넘치는 오아시스 같은 곳으로 변하게 되며 이들 여성들의 삶도 따라서 변하게 된다.

어머니의 삶에도 다른 여인들이 등장함으로써 새로운 전기를 마련하게 되었다. 남편으로부터 폭력을 당한 여자, 가난으로 지친 여성들을 어머니가 먼저 불러들이고 이들을 보살펴 줌으로써 다시 그들이 어머니를 돕는 과정을 통해서 어머니는 당신의 이루지 못한 꿈과 소망을 바로 당신이 살던 그곳에서 다른 형태로 채워나가기 시작했다. 그래서 가부장제에 얽매인 삶 속에서도 본인이 진정으로 하고 싶었고 본인 자신에게 의미가 되는 일들을 스스로 일구어 나가며 탈출구를 찾아나갔다.

어머니가 어려움에 처한 여성들을 돕는 과정은 가진 자의 우아한 자선과 우월적 지위보다는 동병상련의 정을 나누는 것이었다. 그래서 같은 여자로서 너무 딱해서, 남의 일 같지 않아서, 나도 딸이 많은데...라는 말을 자주 하셨다. 일종의 동지애와 자매애 같은 것이었다. 실제로 그 여성들은 우리 어머니를 친언니처럼 여기며 자매애를 나누었다.

아마 우리 딸들은 이런 어머니의 삶을 지켜보면서 성장했기에 자연스레 우리 어머니 삶의 해독제와 같은 존재들이다. 어머니가 이루지 못한 꿈을 딸들이 각자의 형태로 이루어 나갔다. 첫딸은 사업가가 되어 큰돈을 벌어서 본인이 원하는 것을 충족시키는 삶을 살았고, 둘째는 다양한 삶의 굴곡에도 굴하지 않고 자신의 능력 범위 안에서 스스로의 삶을 개척해서 기죽지 않고 살아가고, 셋째는 출세한 남편과 잘난 자식들 사이에서 남부럽지 않게 살았지만 민주화 과정에서의 고통을 온 집안이 고스란히 겪어야 했다. 막내인 나는 전문인으로 어머니를 가장 많이 닮은 모습으로 자립적인 삶을 살아가고 있다. 손자와 손녀 그리고 그 증손들까지 한국을 넘어 세계적인 무대에서 당당히 활동하고 있다. 이런 여성 삶의 모습들이 그리도 어머니가 원했던 여성의 자립적인 삶의 모습이며 당신이 갈구하고 갈급했던 삶이었다.

어머니가 꿈꾸던 삶을 더 깊이 들여다보면 여성으로서의 삶이 아니라 한 사람으로서의 당당한 삶과 자유로운 선택권, 여성에게 희생만을 강요하지 않는 제도였다. 그런 자유로움 속에서 기꺼이 봉사하고 즐겁게 희생할 수 있는 자유와 자주적인 선택권을 누릴 수 있는 삶을 원하셨다. 어느 여성이, 아니 인간이 그런 삶에 대한 소망이 없었겠는가? 내가 전공한 복지국가라는 것도 결국은 이런 인간의 염원을 이룰 수 있는 제도적 틀과 기반을 갖춘 나라를 만들고자 하는 인간적 노력이 아닌가?

우리 이전에 앞서 희생한 여성들이 있었기에 지금 우리가 이만큼의 삶을 누릴 수 있으며 우리 뒤에 오는 여성들은 우리와는 또 다른 여성 삶의 질과 인간적인 삶을 남녀 모두가 누릴 수 있길 바란다. 특권을 가진 소수만이 아니라 누구든, 여성, 남성, 가난한 자와 부자, 흑인과 백인, 종교적 차이와 신체적 조건과도 상관없이, 인간만이 아니라 모든 생명체가 존엄과 자유, 고유한 가치와 선택권을 누리며 살아갈 수 있기 바란다.

이런 소망은 고매한 어느 학자나 정치가의 소망이 아니라 보편적 상식과 품위를 가진 사람이라면 모두가 꿈꾸는 희망사항 아닐까? 지금의 삶은 그런 이상을 향해서 한발 더 전진했으며 앞으로 더욱 더 평등하고 인간적인 생명의 가치를 누리며 살아갈 수 있는 이상을 향해 나아가게 될 것이다. 그래서 모든 생명체가 한데 어우러져 평화롭게 공존하며 서로의 가치를 인정하고 인정받는 곳으로 만들어 나갈 수 있기를...

도우미 아주머니

몸부림

아버지는 역정을 내시다 지쳐 잠들어 버렸다. 간병인도 혼이 난 뒤라 소파에 지쳐 떨어져 있었다. 어머니는 기척 없이 죽은 듯 누워 있고 집안은 개미새끼 하나도 움직이지 않는 듯했다. 죽음 같은 고요와 침묵이 모두를 감싸 안았다. 언제 다시 폭풍이 불어 닥칠지 몰라도 일단 휴식이 주어진 것이다. 죽음도 이런 것인지 모른다. 전쟁 같은 삶을 살고 난 뒤에 주어지는 영원한 침묵과 휴식 같은 것. 침묵이 갑자기 무겁게 느껴졌다. 혹시 두 분 다 영원히 깨어나지 않는다면 하는 불길한 예감이 스쳤다. 패잔병처럼 쓰러져 누운 방들을 둘러보고서야 마음이 조금 놓였다. 언제까지 지속될지 모르는 반복된 상황이지만 이제는 어느 정도 적응된 것 같기도 하다. 성질을 부리는 것도, 이런 상황도 모두 오래가지 않을 것이라는 것을 알기에.

아버지가 성질을 부리는 것이 처음에는 견디기 힘들었다. 혼자만 늙는 것도 아니고 모두가 겪는 삶의 한 부분인데 왜 저리도 받아들이지 못하는지, 삶에 대한 애착이 지나치다 못해 추하게까지 느껴졌다. 그러다 어느 순간인가부터 삶에 대한 애착이라기보다는 죽음에 대한 두려움이 더 크다는 느낌이 들기 시작했다.

어느 누구의 죽음에 대해서도 아버지는 알려고 하지 않았고 가까운 사람들의 사망소식조차도 듣고 싶어 하지 않았다. 그렇게도 죽음을 두려워하는 이유가 무엇인지 알 수는 없지만, 대단한 우리 아버지가 죽음의 공포 앞에서 저렇게 맥없이 무너지는 것을 지켜본다는 것 자체가 힘들었다. 아마 아버지는 아직도 다 하지 못한 숙제가 남아 있다고 여기는지도 모른다. 언제나 입버릇처럼 10년만 아니면 5년만이라도 젊었으면 하고 아쉬워하는 것을 보면. 아버지가 그렇게 아쉬워하는 것은 무엇인가? 못내 끈을 놓지 못하는 집착은 무엇인가? 살아오면서 다 하지 못한 아니면 죽음의 문턱에서 저리 후회하고 돌이킬 수 없는 것은 무엇인가? 삶에 대한 애착과 죽음에 대한 공포는 동전의 양면과 같다, 삶과 죽음처럼.

아버지가 당신의 죽음과 사투를 벌이고 있다는 사실을 나도 수용하기 어려웠다. 아니야 아버진 아직 기력이 남아서 저러지,

저렇게 다 풀어버리니 속으로 썩을 것이 없어 정신이 아직도 말짱한지도 모른다. 그러지도 못하는 어머니는 속으로 썩다 못해 아예 정신줄을 놓아버린 것 같았다. 맑은 정신으로 모든 것을 다 받아들일 수 없기에 아예 당신 혼자만의 세계로 칩거해 버린 것인지도 모른다.

이 집에서 가장 속 편한 사람은 아주머니로, 무슨 일이 벌어져도 무덤덤하게 받아들이고 흔들리지 않는 버팀목 같았다. 아예 도를 닦아서 달관한 건지 알 수는 없지만 그래도 저렇게 씩씩대며 속 편하게 낮잠 자는 모습을 보면 부럽기조차 하다. 아마도 아주머니에게는 이 모든 상황조차 부러운지도 모르며 그래서 저렇게 흔들리지 않는지도 모른다.

그래 누군들 별 수 있어, 늙고 병들면 아무 소용 없지. 밤낮으로 병원 드나들고 약은 다 먹지 못해 쌓여만 가도 나아질 건 아무것도 없지. 저렇게 애를 태우는 자식이 있어본들 나이 앞에서는 무슨 소용이야. 자식들 고생시키는 부모 마음만 아프지. 난 차라리 고생시킬 자식 없어 다행이고, 병원 갈 돈도 없으니 일찌감치 포기하고 나니 도리어 홀가분하지. 늙어서 병들어 죽는 것은 순리이고, 죽고 나면 누가 치워도 치워주겠지. 부처님께 빨리 데려가 달라고 기도나 해야지. 관세음보살 관세음보살…

지킴이

아주머니는 부모님을 돌보면서 당신의 죽음에 대해서 이미 마음을 단단히 먹은 것 같았다. 방에는 옷가지 몇 벌 외에는 아무 것도 없는데도 염주는 종류대로 갖추고 있어 속마음을 드러내는 듯했다. 그래서인지 몰라도 노인 두 분을 돌보고 계신 분의 태도가 푸근하다 못해 무신경한 것 같은 느낌조차 들었다.

사실 아주머니가 부모님 집으로 처음 왔을 때는 불안이 역력했고 초초해 보였다. 당신도 이미 예순을 넘긴 나이로 보살핌을 받아야 할 나이임에도 불구하고 도우미로 오실 수밖에 없는 상황 때문이기도 했을 것이다. 돌봐줄 사람도, 돈도 없으니 움직일 수 있을 때 한 푼이라도 더 벌어야 이 다음에 고생 덜하겠지 하는 마음으로 오신 것이다. 당신 자신의 노후가 불안해서 할 수 없이 이 일을 택한 것이며 혼자 지내느니 돌보는 사람이라도 있으면 시간이 잘 갈 것으로 여긴 것 같았다. 그러나 뜻밖에도 노인들을 돌보면서 당신이 가장 두려워하는 자신의 죽음에 대한 준비를 착실히 해나게 된 것이다.

사실 아주머니에게는 늙어간다는 것과 당신의 죽음과 직면한다는 사실이 가장 공포감을 불러일으키는 일이었다. 이미 젊어서 남편과 하나밖에 없던 딸의 죽음을 지켜보았고 그 아픔을 감내하면서 살아왔다. 이 세상에 혼자 버려진 사람이 가장 두려워하는 자신의 늙음과 죽음을 부모님을 통해서 예행연습하면서 차라기 용기가 생기다 못해 달관해 버렸는지도 모른다.

생전 처음 와 보는 소문으로만 듣던 집의 모든 풍경이 아주머니에게는 낯설었다. 식사는 왜 그리도 까다로우며 바깥노인은 웬 역정이 그리도 심한지, 안 노인은 왜 저리도 불안하고 풀이 죽어 한구석에만 종일 쭈그리고 있는지, 사는 것이 더 복잡하고 힘들어만 보였다. 사장은 술에 취해 들어오는 날이 더 많고 마음 편한 날이 없어 보이고, 며느리는 아이들 공부시킨다고 얼굴 보기도 힘들고, 드나드는 딸들은 제각각으로 삐죽 왔다 가면 그만이었다. 버스정류장에서 차례를 기다리며 지나가는 사람들 구경하는 것 같은 느긋한 마음과 내 차례를 기다리는 초조함이 교차하며 하루하루 벌어지는 장면을 지켜볼 따름이었다. 그래도 심심찮게 해야 할 일들이 있고 돈까지 넉넉하게 받으니 그런대로 할 만한 일이었다.

"바깥노인은 젊어서도 대단한 분이셨다지만 저렇게 거동도 못하고 누워서도 당신 성질은 그대로 살아 있는 모양이야. 간병하는 여자가 조금만 마음에 안 들어도 호통을 치고 날벼락이 떨어지는 것을 보면 아프다는 말이 빈 말이고 아직도 짱짱하다. 저렇게 누워 있어도 젊은 여자 간병인을 더 좋아하고 애교부리는 여자를 더 좋아하는 걸 보면 마음은 안 늙는 모양이제. 내가 보기엔 지난번 나이 많은 사람이 나이는 좀 많아도 사람 됨됨이가 더 나았는데 기어이 젊은 여자로 바꾼 것을 보면 저 여자는 영감한테 어떻게 하는지 이해가 가질 않네. 영감을 호리는 무슨 재주가 있는지 딸들 오면 팁 주라고 성화니 무슨 영문인지 모르겠다. 내사 영감 방에 안 들어가도 되고 역성 안 들어도 되니 상관은 없지만 그래도 참 이상도 하제."

"저 젊은 여자는 이혼하고 혼자 살아서 그런지 들어오면서부터 밥 달라 하고, 영감 위해 끓여 논 죽이란 죽은 다 먹고 오후에는 커피도 마셔야 하고 아침에는 과일까지 먹어야 하니 내가 할 짓이 아니제. 젊은 것이 몸 챙기는 것 보면 내사 젊을 때 상상도 못 해보던 일이지. 번갈아 가며 오는 간병인 밥 챙겨주는 일이 두 노인 식사 챙기는 일보다 더 많으니 주객이 전도된 것 같기도 하고, 있는 것 나누어 먹는 것이니 별일 아닌 것 같기도 하고. 하기사 일하는 사람이 잘 먹어야 노인들한테도 잘하지, 부모를 맡겨 놓았는데 이 정도는 감수해야제. 내 마음대로 되는 것도 아니고 내 것도 아닌데, 마음대로 집어 먹으니 말릴 수도 없고 주인도 아닌데 내가 우째 할 바를 모르겠네."

아주머니는 나를 붙잡고 한참을 늘어놓았다. 난 별로 할 말이 없어, 간단히 말할 뿐이었다.

"아주머니가 알아서 하세요. 이 집은 그래도 아주머니가 주인 노릇을 하셔야 해요."

사실 집안 사정은 말이 아니었다. 모든 것이 남에게 맡겨져 있고 차고 앉아 살피고 챙기는 사람이 없으니 그럴 수밖에. 주인은 거동도 못하고 누워만 있고, 자식들은 시간 나면 삐죽 들여다보고 냉장고나 채워주고, 돈이나 몇 푼 주고 가니 나그네들이 차지하고 굿을 벌여도 말릴 사람이 없었다. 한 번씩 들여다보면 부모님은 각 방에서 죽은 듯이 누워 있고 돌보는 사람들끼리 모여 앉아 만푸장으로 벌여놓고 먹고 있는 장면을 볼 때마다 기가 막히기도 했다. 부모님도 드시고 불러서 먹이는 상황과 주인은 먹었는지 굶었는지 모르는데 저들끼리 잔치를 벌이고 있는 상황은 목에서 올라오는 무엇을 느끼게 했다. 저들도 먹어야지 그래야 부모님 수발을 잘하겠지, 자식도리 못하는 죄책감으로 모른 체 넘길 수밖에 없었다.

사실 아주머니는 주인 역할을 톡톡히 해냈다. 집안의 돌아가는 모든 상황을 볼 때 그렇게 푸근하고 마음 넉넉한 분이 계시지 않았다면 모두가 더 힘들었을 것이다. 마치 어린 병아리들을 날개깃에 품고서 소나기를 피하고 있는 어미 닭처럼, 눈앞에 전개되는 모든 상황들을 온몸으로 버텨내고 있었던 것이다. 사람이 죽고 사는 것은 하늘에 달린 일이라고 하지만 두 분이 한꺼번에 자리 보존하고 누워 있는 상황 자체가 힘들었다. 더군다나 사업이 어려움을 겪자 걷잡을 수 없는 상황들로 하루하루는 전쟁과도 같았다.

종이호랑이

"마음은 뻔하고 몸이 안 따라 주니 얼마나 힘들까? 저 성격에 보고만 있으려니 미칠 지경이겠지, 소리라도 실컷 질러야겠지. 그러지 않고는 못 견딜 게야."

아주머니는 간병인을 설득시키며 그럴 땐 문 닫고 나와서 혼자 있게 내버려 두라고 했다. 마음 약한 사람이라면 달아나고 싶은 여건 속에서 아주머니는 무뎌서인지, 대안이 없어서인지 아니면 두 노인에 대한 연민 때문인지, 아무 말 없이 역성 다 받아주며 굳건히 지켜주고 있었다. 어쩌면 당신이 지금껏 살아온 삶이 언제나 그렇게 아무 일도 없다는 듯이 버텨올 수밖에 없어 몸에 밴 습관인지도 모른다. 그것도 아니면 당신에게 닥칠 상황일지도 몰라 동일시로 인한 보호본능이 발동했는지도 모른다.

사람이 늙어가는 모습도 평소 기질대로인 것 같다. 아니 오히려 평소에는 의지로 참고 있던 기질마저 다 드러나는지도 모른다. 평소 아버지에게 모든 것을 양보하고 당신은 참고 견딘 어머니는 치매에 걸려도 얌전하게 앉아만 계셨다. 깔끔한 성격이라 일을 저질러도 얌전하게 다른 사람을 괴롭히는 일이 없었다. 그러나 아버지는 달랐다. 모두를 괴롭히려고 일부러 그러는지, 스스로도 통제가 안 되는지 어쨌든 모두가 손을 내저었다. 당신 비위 다 맞추어 주던 어머니의 보살핌을 받을 수 없게 되자 통제불능 상태가 된 것이다. 한 집안과 당신의 왕국에서 군림해 오던 기질이 이제는 횡포로 변질되어 가고 있었다. 그러나 당신이 아무리 애를 써도 이빨 빠진 종이호랑이에 불과하며 당신 힘이 떨어지자 주변 사람들의 반격에 부딪혀 스스로를 힘들게 만들어 가고 있었다.

아버지가 역정을 낼 때마다 아주머니는 부러움과 안타까움으로 혼자 중얼거렸다.

"그래 저 노인은 다 두고 가기 아깝겠지, 얼마나 미련이 남을까? 나야 가진 것이 없으니 미련이 남을 것도 없지, 차라리 빨리

가는 것이 더 소원인데 그게 마음대로 안 돼 걱정이지."

"늙어서는 많이 가져 집착이 많은 것도 걱정이지, 지고 갈 수도 없고 그래서 더 저러는지도 모르지..."

몸을 움직이지 못하는데 정신이 맑다는 것은 어쩌면 고문인지도 모른다. 차라리 모든 것을 잊고 계신 어머니가 더 편한지도 모른다. 몸과 마음이 따로 돈다는 사실은 일종의 분열로 그 자체가 불균형을 초래하는 일인 것 같다. 몸과 같이 정신도 늙어가는 것이 당연한 이치인지도 모른다. 아버지는 아마도 몸은 움직이지 못하지만 정신은 말짱해서 돌아가는 상황들을 참기 힘들어 스스로를 괴롭히고 있는 것 같았다.

아니면 자신의 잘못을 만회할 수 없는 시간 앞에 절망의 몸부림인지도 모른다. 죽음을 수용하기에는 당신 눈앞에 전개되고 있는 상황들과, 속에서 올라오는 아직도 해결되지 못한 숙제가 남아 있기에 죽음을 직면하는 것이 두려웠는지도 모른다. 어떤 폭력과 괴롭힘도 결국 자신을 향한 것이며 자신에게로 돌아가는 부메랑과 같은 것이라는 사실을 모르는지 아니면 잘 알기에 스스로에 대한 자학과 자책을 하는 것인지 알 수 없지만 지켜보기에 안타까운 상황만 전개되고 있었다.

노인이 역성을 부려도 결국은 약하게 마련이며 당신 자신에 대한 연민과 안타까움에서 나오는 구조요청 신호일 뿐이라는 것이 역력했다. 아버지가 두려워하는 것은 무엇이며 삶에 대한 애착을 버리지 못하는 이유는 무엇인가? 당신이 지금 이 시점에서 후회하는 것이 무엇이며 되돌리고 싶은 것은 무엇인가? 당신 없이는 모든 것이 다 무너져 버릴 것 같은 착각 때문인가? 아니면 문제들만 남겨 놓고 해결을 못 본 채 떠나야 하는 안타까움 때문인가? 살아오면서 못다 한 것들에 대한 미련과 후회 때문인가? 한 번씩 당하는 역성에 지쳐 며칠만 연락하지 않아도 다른 사람을 시켜 나를 달래주곤 했다. 부모는 자리보존하고 있어도 부모이고 자식은 나이와는 상관없이 자식일 뿐, 부모마음 같은 자식은 없나 보다. 이렇게 자식을 위하는 당신 마음에 비하면 자식들의 무성의하고 이기적인 모습에 대한 노여움이 얼마나 컸을까?

늙은 소녀

아름다운 봄이 와도, 단풍이 곱게 물들어도, 초겨울 낙동강에 철새들이 모여들어도 차창 밖으로 보이는 풍경들 모두 눈물만 맺히게 했다. 어머니가 보셨다면 어린 소녀처럼 기뻐하고 즐거워했을 것이다. 그런 소녀가 저렇게 늙어버려 이 모두와는 상관없이 천장만 바라보고 누워 계시니 안타까울 뿐이었다. 달려가야 반겨줄 사람도, 내 얘기를 들어줄 사람도 없는 집으로 가는 마음은 쓸쓸함과 자식의 도리와 의무라는 묵직한 숙제를 하는 기분이었다.

엄마라고 부르며 들어서도 달려 나오지 못하는 집은 무거운 침묵과 죽음의 장막이 드리운 듯했다. 아주머니가 마치 당신 자식 대하듯이 반겨주며 어머니 대신 밥 먹었느냐, 뭘 줄까 이리저리 챙기고 우리를 맞느라 분주하셨다. 아주머니도 이미 노인인데 우리 부모님 돌보시랴 간병인들 챙기랴 애 쓰시는 모습을 보면 마음이 짠하며 미안하면서도 얼마나 큰 고마움을 느꼈는지 모른다. 저분마저 안 계시다면 하는 생각에 아찔함이 일었다.

아주머니는 혼자서 온갖 고생을 다 하다 동생이 경영하던 식당이 문을 닫게 되자 우리 부모님을 돕기 위해 들어오셨다. 부모님과 함께 숙식할 분이 필요했고 또 그 나이의 벌이로 그만한 일이 없었기 때문이다. 성품이 좀 느린듯 하지만 푸근해서 성질 별난 아버지와 정신이 혼란스러운 어머니를 정성껏 돌보셨고, 우리에게조차 어머니 대리역을 묵묵히 해 주신다.

어머니는 자다 깨면 밤낮을 구분 못 하시고 시간과 방향에 대한 지남력에 혼돈이 생겨 큰 어려움을 겪었다. 특히 밤에 주무시다 깨면 불을 켜 놓고 문을 열어 두어도 화장실을 찾는 것은 불가능했다. 다행이 두 분 다 노인이라 한숨 자고 나면 깨워서 화장실을 다녀오곤 해 별 어려움은 없는 것 같았다. 그러나 집에 비상사태가 발생하면 아주머니도 노인인지라 지각력을 상실하고 허둥대기만 했고 성질 급한 아버지의 호통을 듣기 일쑤였다. 아버지는 아주머니가 영 탐탁지 않았지만 워낙 많은 사람을 갈아 치우다 보니 이제는 다른 사람 보기에도 더 이상 욕심부릴 수 없다는 것을 아셨기에 입을 다무셨다. 그 대신 당신을 돌보는 간병인만은 당신 마음대로 하셨다. 다른 이유보다도 나이가 많다는 것만으로도 불안했던 모양이다. 아버지의 까다로움을 맞추어 줄 사람은 어머니밖에 없었고 아무도 그 자리를 대신할 수 없어 어느 정도 포기하신 것 같았다.

어머니를 돌보시는 아주머니의 마음은 참 복잡한 것 같았다. 누가 뭐래도 우리 어머니를 부러워하며 복 많은 노인이라 여기셨다. 차례로 드나드는 자식들과 불편 없이 필요한 조치는 다 할 수 있는 경제력 등 아주머니의 입장에서 보면 모든 것을 갖춘 부러움의 대상이었다.

그러나 내막은 달랐다. 노인이 된다는 사실 자체가 불쌍하고 안타까운 일이며 집안의 사업은 고비를 맞은 시점이었다. 어느 누구도 말은 하지 않았지만 그래도 뻔한 상황이었고 집안에는 예기치 않은 상황들이 벌어지기 시작했던 것이다. 그 와중에 인생의 고비를 이미 여러 번 넘긴 아주머니는 마치 본인의 일인 듯 아무 말 없이 함께 인내하며 모두를 끌어안고 계신 것 같았다. 어쩌면 그래서 더 부모님께 정성을 다했는지도 모른다. 아마도 아주머니가 어머니를 잘 돌본 것은 당신 자신의 처지 때문이었는지도 모른다. 이 다음에 피붙이가 아닌 누군가가 자신을 돌볼 때도 자신과 같은 마음으로 대해주길 바라는 마음에서 더욱 정성을 다하셨는지도 모른다.

노인 두 분을 도우미 아주머니와 간병인들에게 맡겨 놓고 자식들은 들락거리는 상황도 오래가질 않았다. 집을 비우고 이 모두를 정리해야 할 상황에 이르렀고 아무도 모실 자식이 없었던 것이다. 자식이 여럿이라도 소용없었다. 다들 형편이 안 된다고 하니, 부모 모실 형편이 따로 있나? 형편으로 따지자면 어느 누구도 형편 되는 사람은 없을 것이다. 부모를 형편 따져 모신다는 것 자체가 벌써 이치에 맞지 않는 일이었다. 부모님의 노후를 돌봐드리는 일이 해도 그만 안 해도 되는 일이라는 생각 자체가 잘못된 것이다. 부모님은 얼마나 큰 배신감을 느꼈을까? 어떻게 키운 자식들인데, '니들도 이 다음에 당해봐라'는 마음이 들었을지도 모른다. 자신들이 그 나이가 되면 다 후회할 일들이며 업을 쌓는 일임에 틀림없다. 애초에 자식들이 이럴 줄 알았다면 부모들도 생각을 달리했을지도 모른다. 그런데 다 늙어서 못하겠다고 하니 그 충격과 배신감은 이루 말로 다 할 수 없었을 것이다. 그래저래 갈 곳은 노인병원밖에 없었다. 부모님을 병원으로 모시던 날 아주머니는 어머니 손을 잡고

"할머니 죄송합니다. 제가 돌아가실 때까지 모시려고 했는데, 끝까지 돌봐드리지 못해서 정말 죄송합니다."

가시는 길에 음료수라도 드시라며 만 원짜리 두 장을 손에 쥐어 주며 눈물을 흘리셨다. 어머니도 정신이 드셨는지 아니면 감동하셨는지 평소 같으면 금방 흘려버리던 것을 그 돈은 꼭 쥐고 계셨다. 아주머니의 마음이 진심이라는 것을 우리 모두는 알았다.

어머니는 이 모든 상황을 아시는지 모르시는지 모든 것을 초월한 듯 말이 없었다. 어쩌면 어머니는 당신이 말을 안 할 뿐 모

든 것을 똑똑히 지켜보고 계신지도 모른다. 당신이 입을 열 상황이 아니라는 것을 알기에, 입을 열지 않기 위해 사력을 다하고 계신지도 모른다. 저러다 영원히 입을 열지 못할까 두려울 정도로, 마치 아무것도 모른다는 듯이, 지켜만 보시고 계셨다. 당신도 어쩔 수 없는 상황이라는 것을 알기에, 아니면 당신 말을 듣지 않고 무시해 버린 남편과 자식에 대한 분노가 너무 컸기에 차라리 입을 다물고 계신지도 모른다. 다 털어 놓았다간 감당할 수 없고, 입을 열기 시작하면 끝나지 않을 것 같은 두려움에 차라리 꾹꾹 다물고 지켜보고만 계신지도 모른다.

길을 잃은 노인들에게 아들 집이 어디냐고 아무리 물어도 치매인 척하며 입을 열지 않는 노인들이 얼마나 많은가? 당신이 부담스러울까 봐, 자식을 위해서 가출하고 치매노인 역할을 하며 사는 노인들의 심정은 어떨까? 거룩한 모성인가, 어리석음인가? 아니면 그렇게 사는 것이 본인이 더 편할 수 있는 방법인가? 치매는 자기방어이기도 하다. 기억하고 싶지 않고 잊는 것이 더 편하기에 스스로 잊고 싶은 무의식적 충동이 치매를 낳는 것이며 그렇게 하는 것이 본인이 살아가기에 더 편한 방법일 수도 있다. 살아오면서 겪은 그 모든 상처와 무게를 다 지고 갈 힘이 부족했기에 일부러 정신줄을 놓아버린 것인지도 모른다. 우리 어머니가 잊고자 하는 것은 무엇인가? 어머니의 입을 닫게 만든 것들은 무엇인가? 어머니는 속으로 어떤 생각을 하며 이 상황들을 지켜보고 계실까?

대기소

병원으로 옮긴 부모님은 눈에 띄게 쇠약해져 갔다. 특히 어머니는 우울증을 겪는 것 같아 보였다. 노인들의 환경이 변하는 것은 큰 충격이다. 그래서 끝까지 적응에 실패하는 사람도 많으며 시설로 들어오는 분들의 많은 수는 몇 달 이내로 돌아가시게 된다. 이 모든 사실을 다 알건만 병원으로 모셔야 하는 내 가슴은 타들어 가고만 있었다. 그래도 위안이 되는 것은 어머니가 혼자 지내지 않아도 되며 사람들과 늘 함께한다는 사실이었다. 어머니는 혼자 계시는 것보다 어울리는 것을 더 좋아하셨다. 그래서 당신의 묏자리가 외진 곳에 있는 것을 꺼리며 차라리 사람 많은 공동묘지에 묻어달라고, 그래서 이웃과 함께하는 것이 나을 것 같다는 말씀을 하시곤 했다. 노후의 쓸쓸함과 적막함이 어머니에게는 견디기 어려운 일이었나 보다.

아버지는 병원에서도 당신 기질대로 역성을 부리며 더 불안 증세를 보이셨다. 당신 마음대로 안 되면 약에라도 의지해서 자신을 위로하고 달래는 것 같았다. 그러나 눈에 띄게 쇠약해지며 당신도 많이 포기한 듯했다. 평소 어머니에게 먼저 묻어주고 뒤따라가겠다는 약속을 지키지 못하고 급한 성미대로 당신이 앞선 것이다. 아버지의 장례식을 치르고 어머니에게로 달려갔다.

"아버지 보고 싶지 않나요?"

"그 영감은 잘 지낼 거야."

그래, 우리 아버진 어디서나 대장 노릇하며 잘 지내시겠지.

그 기질이 어디 갈까? 염라대왕도 못 말릴 분이니까. 땅 부자로 소문났던 분이 단 한 평의 땅도 차지하지 못하고 고스란히 자연으로 돌아간 것이다. 아마 생전에 너무 많이 차지해서 미련이 없었던 모양이다. 좁은 산천을 묘지로 채울 수는 없다며 화장하라는 것이 유일한 유언이었다.

혼자 남겨진 어머니 생신날 꽃을 들고 가서 인사를 했다. 평소 같으면 기뻐하시며 받았을 텐데, 별 반응이 없는 안타까움에 혼잣말을 했다.

"꽃이 참 예쁘지요, 꽃을 보면 한결 기분이 나아져요. 참 좋아하셨는데 예쁘지 않아요?"

"말인동."

들릴 듯 말 듯한 작은 소리로 대답하고는 다시 무심한 표정을 지으셨다. 어머니는 정신이 왔다 갔다 하는지, 아니면 자신이라는 속에 갇혀 계신지, 아니면 스스로 포기하신 건지 전혀 알 수가 없었다. 가끔씩 당신이 정신을 다 잃은 것은 아니라는 사인을 보내시곤 했다. 그러나 알 수 없는 베일에 싸여 우리와는 단절된 채, 끝까지 입을 다무신 것이다.

어머님이 가신 날은 살아생전에 그렇게 좋아하시던 꽃피는 봄으로 유난히 화창하고 아름다운 날이었다. 모두들 당신이 기뻐서 즐거워하던 모습을 떠올리며 마음을 달랠 수 있었다. 나에겐 울이 사라져 버린 허전함이 엄습했다. 무너져 가는 담장이라도 있는 것과 없는 것은 다르다. 그분들이 계시기에 아직 죽음이 바로 눈앞에 있는 일이 아니라고 잊고 살 수 있었던 것이다.

부모님이 떠난 뒤 이제는 바로 내 차례라는 사실과 함께 나도 어쩔 수 없이 뒷방 늙은이라는 치욕스러운 대접과 치울 물건 취급당하는 모욕적인 위치에 곧 서게 될 것이라는 사실 앞에 두려움이 일었다. 그렇다고 해도 난 할 말이 없다. 그것은 나의 업이라는 사실을 받아들이기에. 어머니처럼 끝까지 입을 열지 않고 지켜만 봐야 할지도 모르며 그 무게를 못 이겨 정신을 놓아버릴지도 모른다.

초월

천성이 어질고 마음 씀씀이가 너그러운 아주머니가 부모님의 노후를 지켜준 것은 우리 모두의 행운이었다. 자신의 노후에 대한 두려움과 연민을 두 분에게 그대로 풀어 놓았는지도 모른다. 아마도 그분의 기도에는 우리 부모님도 포함되었을 것이다. 우연히 알게 된 돌아가셨다는 소식에 부러움과 함께 안도하셨는지도 모른다. 당신의 의무와 책임을 다했다는 후련함과 이제는 당신 차례라는 두려움과 함께.

아주머니는 이 다음에 큰 병이 나도 병원에 가길 거부하며 그대로 조용히 죽는 길을 택할 거라고 했다. 아마 이런 결심은 아버지를 통해서 얻은 교훈인 것 같았다. 사실 아버지는 몇 년 전 돌아가실 상황이었다. 그러나 자식들이 최선을 다했다는 명분을 얻기 위해서 수술을 시킨 것이다. 2시간 안에 끝날 것이라는 수술은 점점 길어지고 4시간이 넘어서야 겨우 끝났다. 열어보니 훨씬 더 악화된 상태였다. 그 후 회복하느라 애를 먹으며 병원 신세를 여러 달 져야 했고, 집으로 구급차에 실려 와서도 몇 달을 누워서만 지내다 화장실 출입을 시작한 지 얼마지 않아 다시 쓰러지신 것이다.

이 과정을 다 지켜본 아주머니는 돈으로 안 되는 일이 있다는 것과 돈으로 사람 고생만 더 시킨다는 것을 알게 된 것 같았다. 이 일을 겪기 전에는 돈이 없으면 고생할 거라는 생각에 불안하기도 하고 서러워 눈물이 나기도 했다고 한다. 그러나 돈이 있어 도리어 고생한다는 사실을 알고서야 모든 것을 놓아버릴 수 있었던 것이다.

옛날에는 병원 없이도 다 살았고 명이 다해서 죽는 사람은 의사도 어쩔 수 없는 일이라는 것과 헛고생할 필요 없이 조용히 가는 것이 모두를 위해서, 특히 자신을 위해서 더 나은 길이라는 생각을 확고히 한 것 같았다. 요즈음도 지식인이나 자연주의자들은 병원에 가거나 불필요한 수술을 거부하는 사람들이 많다고 하자 당신은 무식해서 그런 고상한 것은 잘 모른다고 했다. 아무튼 옛날처럼 죽는 날까지 집에서 마늘이라도 까다가 죽는 것이 최고라는 것을 알고서부터 죽을 걱정을 놓아버려 마음 편하다며 껄껄대고 웃었다. 이런 깨달음이 아주머니가 우리 부모님을 정성으로 돌봐주신 대가로 얻은 값진 보상이었다.

지금도 가끔 부모님 생각이 나면 아주머니를 떠올리며 잘 계시길 빌어드린다. 아주머니를 돌봐드리는 누군가도 아주머니가 그랬던 것처럼 푸근하고 굳건하게 함께해 주기를 바라는 마음이다. 아니면 이번에도 아주머니는 당신을 돌봐주는 사람에 대한 섭섭함조차 푸근히 감싸며 당신 스스로 인내하고 계신지도 모른다.

여성복지 수업

이번 학기 여성복지 수업이 가장 마음에 드는 수업이었다. 가족복지를 통해서 자신의 문제에 대한 통찰력을 얻었다는 학생들도 있지만 그래도 나에게는 여성복지 수업이 더 만족스러웠다. 내가 만족스러워 하는 이유 중 하나는 나 혼자 수업한 것이 아니라 학생들이 적극 참여했고 그것도 남의 이야기가 아닌 바로 자신의 이야기를 하며 때로는 눈물을 흘리기도 하고 반성과 성찰을 얻을 수 있었기 때문이다. 여성으로서의 어머니에 관한 이야기를 통해서 어머니를 한 사람의 인간으로 인식하며 더 이해하게 되었고 잘못과 실수를 용서하게 되었다는 학생도 있었다.

어머니라는 호칭 대신 이름을 부르며 어머니 이전의 한 여성으로 존중하게 되었다는 학생도 있었다. 어머니가 아닌 할머니

밑에서 자라나 할머니를 더 가깝게 여기며 할머니의 정을 더 깊이 새긴다는 학생도 있었다. 맞벌이가 늘어나면서 우리 사회에서도 조부모에게 맡겨져 성장한 아이들이 많은 것 같았다.

아버지에 대한 이야기에서는 가장으로서의 아버지의 짐과 무게를 인식하게 되었고 가정폭력과 부족함과 억압에도 불구하고 아버지의 삶에 대한 새로운 인식을 하게 되는 계기가 되었다고 한다. 부모의 이혼으로 어느 쪽을 따라갈 것인가? 라는 심각한 상황이 벌어지고 아빠와의 동거를 통해서 아버지의 정을 알아가는 가슴 따뜻한 이야기와 아버지의 빈자리를 메워주어야 하는 딸의 부담 그리고 아빠의 여자 친구가 생김으로써 부담에서 벗어난 홀가분함과 어머니에 대한 미안함 등의 복잡한 감정을 담담하고 담백하게 가볍게 웃으며 이야기하는 학생들을 보며 세대차를 느꼈다.

어릴 적 헤어진 아버지에 대한 그리움과 미안함 그리고 원망이 교차해서 울음바다가 되기도 하고 아빠를 다 용서하진 못하지만 그래도 좀 더 이해하게 되었다는 학생과 아빠가 예전의 생각과는 달리 거대한 산맥이 아니라는 사실 앞에 무너지고 더 인간적인 가까움과 교류의 필요성을 느낀 학생도 있었다.

여성복지에 대한 이야기를 하면서도 피해사회학이 아니라 여성이 처한 사회경제적 현실을 객관적으로 들여다보고 이해하며 서로를 더 알아가는 모습이 좋았다. 더 나아가서 교과서적인 이야기에서 벗어나서 한국역사 속에서의 여성의 삶의 모습을 알아가고 세계사적으로 알려진 여성의 이야기, 우리 역사 속에서의 한 가족과 가족의 딸들이 겪어야 했고 자신의 삶을 개척해 나온 이야기들을 들으며 학생들의 이해의 폭이 넓어지는 것을 볼 수 있었다.

고전읽기가 중요한 이유 중 하나는 훌륭한 삶의 모습을 일상의 이야기로 생생히 풀어나감으로써 본보기가 될 수 있다는 점이다. 그래서 젊은 사람들에게 구체적 상황 속에서 큰 그림을 그릴 수 있도록 돕는 것이 필요하다고 생각된다. 추상적이고 어려운 거대하고 모호한 삶이 아니라 구체적 사례를 요구하는 것이다. 그런 면에서 잘 알려진 인물들의 사례를 제공한 것이 우리 학생들에게 좋은 귀감이 된 것 같았다.

이렇게 공부는 남을 위한 것이 아니라 바로 자신 스스로의 삶을 위한 것이며 나의 삶에 지침이 되고 본보기가 되는 것이 중요하다고 생각한다. 그렇게 내가 성장하게 되면 자연스럽게 나의 행동과 마음가짐이 만들어지며 사랑과 지혜 아니면 진리에 대한 추구로 이어질 것이다. 그렇지 않고 껍데기인 지식만 쌓이게 되면 그것을 어떻게 사용할지도 모르고 그냥 먼지 속에 쌓아두기만 하는 경우가 많다.

또한 이 시대를 살아가는 학생들에게 그들의 아픔을 이해하고 감싸주며 치유의 장을 제공하는 것은 필요한 일 중 하나로 여겨진다. 우리 학생들이 그렇게 집중하고 수업 준비가 잘 된 이유가 바로 자신이 관심 있고 스스로에게 도움이 되었기 때문이었다.

잘 따라준 학생들에게 너무 고맙고 내가 정말 해보고 싶은 수업을 할 수 있어 좋았고 우리 학생들을 진심으로 더 깊이 이해하고 도와줄 수 있어 좋았다. 진정한 대학의 수업은 이런 것이 아닐까? 이런 식의 수업을 더 지속해야 하지 않을까? 어떤 형식을 택할 것인가? 다양한 의문이 내 가슴에 남아 있다. 철들자 죽는다고 하더니 끝이 보이는 시점에서 이런 생각을 하다니...

가정폭력

젊은 사람들과 상담을 하다 알게 된 사실 중 하나는 어릴 적 가족인 부모나 형제로부터 심한 정서적 학대와 신체적 폭력을 당한 사람들이 많다는 것이다. 일반적으로 가정폭력이 일어나는 가정에 대한 편견이 있다. 알코올중독 가정이나 저소득 가정 또는 한부모가정에서 폭력이 발생하는 것으로 생각한다. 그러나 가정폭력은 어느 집에서나 일어나며 우리 사회 곳곳에 숨어 있고 편재해 있는 것이 사실이다. 폭력의 강도나 빈도도 훈육이나 잘못에 대한 체벌 정도를 넘어서서 당하는 자녀의 입장에서는 그 이유를 알 수 없는 분풀이로 억울하게 당했다고 느끼는 경우가 많다. 말대꾸한다고 맞고, 기분 나쁘게 쳐다본다고 맞고, 많이 먹는다고 맞고, 기분에 거슬린다고 맞고...

아버지의 스트레스를 약한 아이와 여성에게 푸는 폭력가정에서 자란 아이가 어른이 되어 다시 본인의 가정에서 폭력을 일삼고 또 그 자녀, 특히 아들이 폭력을 대물림하는 것을 보면서 숨겨진 폭력과 폭력에 대한 무감각함에 경악하게 된다. 어느 가정에서나 일어날 수 있는 부부간의 다툼이나 자녀나 여성에 대한 차별과 체벌을 넘어서서 온 가족 모두가 가장 약한 아이나 힘이 약한 딸에게 장기적으로 폭력을 행사함으로써 아이가 우울증과 무력증을 넘어서 자살시도에 이르는 현상을 보기도 했다. 이런 일이 일어나는 경우 단 한 사람이라도 희생자 편에 서서 도와주고 손잡아 주는 사람이 필요하다.

많은 경우 어머니가 딸과 아이를 보호하기도 하지만 그마저 안 되는 경우는 아이의 어려움을 알게 된 학교사회복지사나 담임선생님 아니면 지역사회복지관의 사회복지사나 상담사가 도움을 제공하기도 한다. 종교 활동을 하는 경우는 종교인들이 개입하거나 교우들이 돕기도 한다. 이런 말을 들으면 잘 모르는 사람들은 아동폭력이나 가정폭력으로 신고하면 된다고 하지만 그렇게 간단하지 않다. 그럴 힘도 없는 경우도 많고 아이가 부모에 의한 협박과 보복의 두려움 그리고 가족을 지켜야 한다는 선한 마음에서 공적인 도움조차 청하지 못하고 혼자서 당하며 조용이 넘어가기를 원하는 경우도 많다.

아이 혼자서는 다른 가족을 감당할 수도 없고 그런 가족을 떠나지도 못해서 자포자기 상태에서 지내는 경우도 있다. 이런 가족들을 살펴보면 가족 전체가 치료가 필요한 사람들이지만 당사자들은 그 필요성조차 느끼지 못하고 그럴 의지도 전혀 없으며 그런 일이 문제가 된다고도 생각지 않는 경우도 많다. 최근 들어서는 가정폭력이 사회적인 이슈가 되다 보니 가정사가 노출되는 것을 꺼리며 입단속을 시키려고 더 많은 압박을 가하기도 한다.

이런 경우 문제를 드러내서 부모나 보호자에게 이 사실을 알리고 제재를 가할 경우 아이가 당할 불이익을 생각하면 여러 가지로 망설여지고 그래서 정말 더 난감해지기도 한다. 정 안 될 경우는 큰 사고를 막기 위한 차원에서 아이를 분리시키고 법적인 조치를 취하지만 이런 행동이 더 위협이 되는 경우도 있다.

내가 아는 사례 중에는 남편의 폭력을 피해서 온 가족이 야반도주했거나 아니면 어머니가 아이를 데리고 숨어버리는 경우도 있었고 청소년인 아들이 어머니를 끌고서 달아난 경우도 있었다. 그래도 여러 경로를 통해서 찾아내서 아니면 달리 살아갈 방도가 없어 그 가정으로 돌아가는 경우도 있었다.

그러다 결국 아이가 자라서 스스로 그런 가족으로부터 벗어날 때까지 스트레스 상황을 견뎌내는 경우도 많다. 학대와 폭력을 가하는 부모도 아이가 성장하게 되면 힘의 역전이 일어나는 것을 알게 되며 아이도 어떤 방법으로든 방어망을 만들고 반격을 가하거나 자신과 희생자가 된 가족을 돌보기 위한 방법을 모색해 나가게 된다. 그렇다고 해서 아이들이 성장하도록 기다릴 수만은 없으며 그동안이라도 덜 상처받고 큰 위험이 발생하지 않도록 여러 가지 보호조치를 해나가게 된다.

폭력은 어떤 이유로도 정당화될 수 없으며 합리화될 수 없다. 폭력에 폭력으로 맞서는 것 또한 위험하다. 이런 폭력 피해자들에게는 사회적 보호망이 제공되어야 하며 그들을 돌봐주고 지지해 줌으로써 자신의 자리를 찾아갈 수 있는 힘을 키울 수 있도록 도와주어야 한다. 이런 어려움에 처한 사람에게는 단 한 사람이라도 당사자를 이해해 주고 지지해 주며 용기를 돋워주고 길을 함께 모색해 주는 사람이 있게 되면 큰 힘이 되고 이들이 딛고 일어설 수 있는 주춧돌이 되고 버팀목이 될 수 있다. 바로 우리들이 이런 역할을 제공하는 사람들이다. 심각한 일이 벌어지기 전에 주변에 도움을 필요로 하는 사람들이 있는지 잘 살펴보며 관심을 가져야 할 것이다. 그래서 작은 신호에도 민감하게 반응해서 문제가 커지고 심각해지는 것을 막아 나가야 할 것이다.

파경 박물관 Brocken Relationship Museum

도대체 뭔가? 뭘 보여주며 뭘 위한 곳일까? 이름만으로도 궁금증을 자극하기 충분했다. 크로아티아의 수도 자그레브에서 목을 축이기 위해 들어간 카페에서 우연히 마주친 독특한 곳이었다. 실은 자그레브 안내지도를 보다 그 이름을 발견하고는 호기심이 일었다. 마침 우리가 들어간 카페가 바로 그 박물관과 연결되어 있었다.

우리가 그 카페를 택한 이유는 박물관 때문이 아니라 재미난 광고문 때문이었다. '헤어진 당신 연인의 가슴만큼 차가운 맥주(Beer as cold as your ex's heart)'라는 익살스러운 글이 붙어 있었기 때문이다. 카페로 들어서자 또 다른 문구가 나타났다. '마티니는 1927년부터 사람들의 기대수준을 낮추도록 도왔다(Martinis!

helping people lower their standards since 1927)'라는 능청스러운 광고가 웃음을 자아냈다. 그렇지! 쭉 한잔하고 취하면 세상 모든 여자들이 다 예뻐 보이지. 우선 나부터 한잔 먼저 들이켜야겠다. 그러면 세상 남자들이 다 멋있어 보이려나? 그 어느 것 하나도 예사롭지 않은 곳이라 박물관에도 들어가 보기로 했다.

박물관에는 세계 여러 곳에서 기증받은 물건들로 채워졌다. 헤어진 애인이 준 곰 인형, 결혼식 때 입었던 드레스와 신발, 이별의 아픔을 달래기 위해서 쓴 일기장, 편지, 딸과의 관계를 회복한 어머니가 딸에게 준 유품 등등.

이곳은 파경에 이른 예술가 커플이 자신들의 치유를 위해서 시작한 곳으로, 여러 곳에서 전시하며 기증품들을 모아서 만들었다고 한다. 개인적인 아픔과 사연들 그리고 치유의 과정을 공개적으로 나누고 그래서 함께 치유되도록 돕는다는 발상이 신선했다. 그래서 가장 혁신적인 아이디어 상을 받았다고 한다. 발상 자체가 정말 혁신적이었다. 이곳은 자조집단의 한계를 극복하고 창조적인 방법으로 정서적 파탄 상태에서 벗어날 기회를 제공하고자 한다. 그래서 다른 사람들의 경험이 배어 있는 수집품들을 통해서 눈물, 웃음 그리고 전율을 느끼게 하는 매력적인 곳으로 소개하고 있다.

헤어진 연인들, 부부관계의 이혼, 부모나 가족관계에서의 파경, 친구와의 고통스러운 이별 등등 형태는 다를지라도 일상에서 흔히 일어나는 일들이다. 그러나 이런 일들은 개인적인 일로 공개하는 것 자체를 꺼리며 감추려 든다. 그러기에 치유가 그만큼 어려워지고 힘들게 된다. 이 용감한 젊은 커플은 자신들의 관계가 파경에 직면했을 때 도움을 받을 곳이 마땅치 않다는 것을 알게 되었다. 그들의 실패와 상처받은 감정을 치유하기 위해서 좀 더 창의적인 방법을 찾고자 했고 그래서 자신들을 치유해 나가는 과정을 공개적으로 드러냄으로써 다른 사람들의 호응을 얻게 된 것이다.

우리나라에서도 파경이 큰 화제가 되었던 사람이 컴백해서 용감하게 "왜 감추어야 하죠? 많은 사람들이 겪는 일 아닌가요? 감추고 쉬쉬하며 숨죽이고 산다는데 왜 그래야 하나요? 내가 뭘 잘못했는데요? 이제는 드러내고 그런 일을 당하고도 아무렇지도 않다는 듯이 살아야죠. 이러고도 잘 살 수 있다는 것을 보여주어야죠"라고 했다. 누구에게 보여줄 것인가? 모두에게 그리고 남의 인생을 가지고 장난치는 인간들에게 똑똑히 보여주어야 한다. 그래서 망가진 것은 순진하게 당한 사람이 아니라 망가트린 사람이고 그들의 삶과 과분하게 주어진 축복이었다는 사실을 깨닫게 해야 한다. 진정한 복수가 무엇인지를 아는 사람이라 생각되어 그 용기에 기립박수를 보낸다. 매 맞는 여성과 성적 학대를 당한 여성들도 이런 용기를 가지길 마음으로 빌어본다.

어느 누군들 살아가며 이런 파경에 처한 경험이 없는 사람이 있을까? 이런 경험은 개인적인 아픔으로 수치심을 불러일으키기도 하고 집안의 비밀로 덮어버리거나 가려버리기도 한다. 아니면 예술가들에 의해서 포장되기도 한다. 모든 관계는 각각의 독특성을 가지며 어느 누구와도 비교될 수 없는 것이기에, 너무 많은 개인적인 사생활이 노출되기에 혼자만의 일로 여기고 냉가슴을 앓으며 스스로 벗어나야 하는 일로 여겨졌다. 그러다 영화나 대중가요 속에서 공감과 위안을 얻기도 하고 드라마를 보며 주인공이 된 것처럼 흥분하며 눈물을 쏟기도 한다. 아니면 주변 가까운 사람들의 위로 속에서 서서히 열병을 앓듯이 혼자서 앓아내야만 하는 일로 여겨졌다. 별로 자랑할 만한 일도 아닌 실패를 드러낸다는 사실 자체가 자존심에 상처를 입히기에. 그래도 용기 있는 사람들의 정직한 드러냄 속에서 서로의 치유를 도우며 함께 털어버리고 벗어나기가 쉬워질 수 있다.

억울한 일이나 어려운 일을 당하면 누구나 왜 하필 나에게 이런 불행이 찾아왔는가에 대한 자책과 비탄의 과정을 겪게 마련이다. 그러나 나에게만 일어난 일이 아니라는 것을 아는 것 그리고 누구에게나 일어날 수 있지만 숨겨왔다는 사실을 알게 되면 서로에게 힘이 되고 위로받게 된다. 영화나 드라마보다 더한 것이 우리가 살아가는 현실이지만 잊고 지내다 자신이 당하게 되면 그때 비로소 알게 된다. 드라마나 소설이 어디서 나왔는지를... 그런 일들은 나에게는 절대 일어나지 않을 일로 여기지만 단지 모르고 있을 뿐이거나 감추어져 있을 뿐이다.

이런 현실의 파경을 함께 치유하고 공개적으로 함께 노력하며 서로 도와주기 위한 노력은 신선하고 매력적인 발상이다. 용기 있는 젊은 예술가의 삶과 발상 자체가 진정으로 예술적이다. 예술이란 무엇인가? 인간 삶의 치유도 예술의 큰 목적 아닌가? 그들의 용기에 박수를 보낸다.

희망

동유럽 여러 나라를 여행하면서 지구촌의 현실을 곳곳에서 직면해야만 했다. 그러다 헝가리에서 지구촌의 실상과 그에 대한 처방 내지는 새로운 희망을 발견하게 되었다. 우리가 머문 곳은 부다페스트에서 한 시간 반 정도 떨어진 시오포크였다. 그곳은 젊은 사람들은 대부분 떠나고 노인만 남은 농촌으로 포도농사를 지으며 살아가는 시골마을이었다. 포도밭 가운데 있는 빨간 지붕의 게스트하우스는 상상만큼 예쁘고 만족스러웠다. 주인아저씨는 아마 젊었을 때 배나 항해와 관련된 일을 했던 사람인지 그 집 인테리어의 주제는 바다와 항해였다.

멀리 교회종탑과 호수가 내려다보이는 언덕 위에 2층 집을 짓고 안방테라스는 마치 뱃머리처럼 꾸며져 있었다. 집안 전체가 온통 배나 바다와 관련된 소품과 색조, 기구들로 꾸며져 통일되고 시원스러운 느낌이었다. 하지만 언덕에 정박한 더 이상 나아갈 수 없는 배, 저 멀리 호수와 바다를 달리고 싶어 하는 항해사, 마치 헝가리의 농촌 현실과 인구 고령화와 청년실업에 대한 비유의 형상화 같아 안타까움과 씁쓸함이 일었다. 이런 현상이 헝가리만의 문제가 아니기에 더 마음이 무거웠다.

헝가리가 나에게 큰 인상을 남긴 것은 그곳의 자연이 우리와 엇비슷하고 또 그들의 어두운 역사도 비슷한 점이 많았기 때문이었다. 왕궁미술관에서 본 그림 속에서 그들의 역사와 삶을 엿볼 수 있었다. 미술관의 그림들은 대체로 밝지 않고 무거운 편이었다. 그 많은 그림 중 한 층의 입구에 걸려 있는 커다란 그림 한 점이 내 시선을 사로잡았다.

제목은 수사 또는 심문(interrogation)으로 군인인지 경찰인지 그런 비슷한 사람이 현관문을 두드리며 아마도 안에 있는 남성을 찾아왔고, 부인으로 보이는 여성은 벽에 기대어 돌아서서 울고 있고, 딸 같은 어린 아이는 애써 울음을 참으며 다부진 모습으로 굳건히 버티며 서 있고, 동네사람들은 그런 상황을 걱정스러운 눈길로 지켜보는 그림이었다. 마치 우리나라 식민시대 때 순사가 잡으러 온 것 아니면 이념의 혼란을 겪을 때 남이니 북이니 하며 사람들을 잡으러 다닌 것 비슷한 장면이었다.

그 땅에서의 삶이 많은 아픔과 고통을 겪은 흔적들이 한 폭의 그림 속에 오롯이 드러나 있었다. 그런데 이 그림이 유독 나의 흥미를 끌었던 것은 그 그림 속에서 지켜보는 동네사람들 중 아이들의 손에는 모두 책이 들려 있었다는 점이다. 그리고 어머니는 슬픔을 견디지 못해 울고 있는 것과는 대조적으로 8~9세 정도로 보이는 어린 딸은 울음을 참기 위해 입을 다문 옹골찬 기세로 버티고 있는 모습이었다.

이 작품이나 작가에 대해서 아는 바가 전혀 없어 작가의 의도는 잘 모르겠지만 내 느낌으로는 다음 세대에 대한 희망과 꿈을 상징하는 것 같았다. 어린아이들이 그들의 역사를 통해서 지혜를 익혀나가길 바라며 다가올 세대에 새로운 희망을 거는 것 같았다. 그리고 더 흥미로운 것은 어째서 여자아이가 울지 않고 버티고 있는가 하는 점이었다. 순전히 내 식의 해석으로는 역사의 밤이 깊을 때 그리고 현실적으로 고난이 닥쳤을 때 남자가 아닌 여자가 더 능력을 발휘하고 여성성을 발휘하여 큰 용기와 인내심으로 현실을 극복하며 가족과 나라를 지켜나가는 것을 상징하는 것으로 생각되었다.

아무튼 범상치 않은 그림 앞에서 한국과 헝가리의 역사를 교차시키며 깊이 공감할 수 있었다. 마치 우리 집에서 일어난 일을 보는 것 같은 느낌, 우리의 역사와 희망을 그린 것 같은 느낌이 들었다. 하기야, 이 지구상에 그런 비슷한 아픔과 상처를 겪지 않은 곳이 어디 있을까? 유럽과 세계 여느 곳의 유명관광지는 모두 성벽과 요새로 침략과 방어의 쟁탈전이 벌어진 곳들이었다. 그게 바로 인간의 역사고 우리의 삶을 이어온 과정이니까.

인간 세상에서의 삶은 통합과 조화가 아니라 갈등과 투쟁의 연속이었고 지금은 그 양태가 달라져 육탄전이 아니라 더 교묘한 방법으로 소리 없는 전쟁을 벌이고 있을 뿐이다. 그게 우리 삶의 실제적 모습인 것을... 권력과 힘에 의한 탄압과 억압이 있다고 해도 그래서 좌절해도 어린 딸은 그런 현실을 넘어서 새로운 희망을 키워나가며 새로운 역사를 이어나갈 것이다. 지금과 같은 혼돈과 어둠의 시대에는 여성성과 모성이야말로 지금의 인류에게 새로운 희망의 길을 열어줄 수 있지 않을까?

모스타르의 상처

보스니아로 갈 때 우리 계획은 사라예보를 방문하는 것이었다. 그러나 그 지역을 잘 아는 운전기사가 위험하다고 만류해서 모스타르 주변을 둘러보았다. 보스니아로 들어서자 바로 비포장도로가 나오며 전쟁으로 인한 피폐함과 내전의 상흔들이 눈앞에 전개되었다.

보스니아 내진으로 유명해진 구다리(old bridge)로 가는 길은 관광객으로 넘쳐났다. 좁은 강을 사이에 두고 잘 지내던 이웃 간에 인종과 종교 그리고 경제적 이익 때문에 서로를 죽이는 참상이 벌어진 곳으로 잘 알려져 있다. 지금은 전쟁 후 세계 여러 나라의 도움으로 새다리(new bridge)가 놓여서 더 이상 구다리가 아니다.

참 어처구니없는 인간의 어리석음과 탐욕에 의한 살육전이 벌어져 애꿎은 수많은 젊은 사람들이 희생된 곳이다. 다리 한쪽 구석에 박힌 1993년을 잊지 말자는 작은 돌 팻말은 그렇게 기억하기에는 너무 큰 상처를 남겼다. 거리의 건물도 파괴되거나 전쟁의 만행과 광기의 흔적들이 거리 곳곳에 방치된 채 남아 있었다.

아침 산책길에 한 골목길에서 발견한 벽화 앞에 발길이 얼어붙어 버렸다. 총칼을 든 남성들 앞에 중요부위가 붉게 칠해진 여성들의 모습이 그려져 있고, '우리는 모두 피를 흘렸다(we bleeded)'는 문구가 새겨져 있었다. 순간적으로 정수리에 통증이 느껴지며 눈물이 쏟아졌다. 엉성한 그림과 짧은 문장이 전하는 간단치 않은 무게감으로 가슴이 무너져 내렸다. 전쟁이라는 비상시에는 약자가 먼저 희생당하기에 여성이 중요 타깃이 된다는 사실은 이미 알려진 일이다.

그럼에도 불구하고 내전의 참상이 벌어진 현장에서 한쪽 벽에 엉성하게 그려져 여성에 대한 만행을 전하는 그림 앞에서 분노를 넘어 망연자실했다. 아마도 그 그림은 수모를 당한 여성들이나 가까운 사람들이 그렸을 것이다. 그림을 그린 분들의 용기에 뜨거운 눈물이 흘렀다. 얼마나 많은 피눈물이 서린 그림인가? 그리는 동안 그들이 흘렸을 눈물과 고통이 오롯이 전해졌다. 그 그림을 볼 때마다 사람들은 느낄 것이다. 저건 사람이 할 짓거리가 아니라고. 그리고 깊이 반성할 것이다, 특히 남성들이.

그러면서 부끄러워 할 것이다. 진정한 명화가 어떤 것인지, 진정으로 보존되어야 할 것은 무엇인지를 다시 생각하게 했다. 명화와 보물로 여겨지는 어느 박물관의 누구 그림보다 더 진한 가슴 저미는 그림 앞에서 나도 모르게 고개 숙여 묵념을 했다.

인간의 이런 광기와 야만성은 어디서 오는 것일까? 그렇게도 많은 교육과 지식들, 우아한 문화의 축적과 고매한 철학에도 불구하고 위기상황마다 터지는 야만성과 광기, 마치 지구 내부에서 뒤끓는 마그마가 분출되듯 튀어 나오는 인간의 폭력성과 잔인함... 이 모든 광기는 무엇을 그리고 누구를 위한 것인가? 그러니 참전한 사람들은 전쟁이 끝나도 전쟁후유증이라는 또 다른 전쟁을 치르고 있다. 살아남아도 산 것이 아닌 삶, 모두의 가슴에 상처와 아픔만 남기며 인간 정신을 피폐시키는 저런 일들이 다시는 일어나지 말아야 한다. 이 도시에 남겨진 상처들이 남의 일 같지 않고 마치 내가 당한 것 같은 분노가 치밀었다.

그 모든 상처와 아픔에도 불구하고 그러기에 더 묵묵히 하루하루를 견디며 살아가는 사람들의 표정에는 비장함이 흘렀다. 특히 남성들의 표정은 굳어 있고 눈을 마주치지 않으며 먼저 인사하기 전에는 마음을 열지 않는 것 같았다. 저렇게도 살아남아 가슴 속에 상처와 응어리들을 삭이며 하루하루를 이어가는 그들의 용기에 존경을 보냈다.

어떤 의미에서건 모스타르는 가난하고 척박한 곳으로 경제적으로만 아니라 영적으로도 많은 치유가 필요한 곳이었다. 그래서인지 도시 곳곳에 인종에 따라 모스크와 교회가 있고 모두가 바라볼 수 있는 산 위에도 십자가가 크게 세워져 있었다.

이곳 사람들을 위해서 내가 할 수 있는 일이 없어 답답해 하다가 가까운 곳에 성모마리아가 직접 나타나 천주교 성지로 유명해진 메주고리예 성당미사에 동참하기로 했다. 천주교신자는 아니지만 그래도 뭐라도 해야 할 것 같았고 무거운 내 마음을 풀 곳이 필요했다. 그런 엄청난 일이 벌어진 상황에서는 신에 대한 간구와 인간의 죄에 대한 고해성사야말로 가장 큰 위로가 될 것 같았다.

마침 일요일이라 성당은 세계 각 처에서 성지 순례 온 사람들과 지역주민들로 인산인해를 이루었고 야외에서도 미사에 참여할 수 있도록 거대한 야외 공연장 같은 시설이 마련되어 있었다. 성당 안으로 들어서자 미사가 시작되어 자리를 메웠고 복도 가운데도 사람들이 들어 차 있었다. 소박한 성당 내부에서 알아듣지도 못하는 말들이지만 진심으로 기도하고 모두의 치유를 빌어주었다. 이웃과 인사를 나눌 때 모스타르에서 일어난 사건을 떠올리며 이렇게 서로 손을 잡으며 인사를 나누면 될 일이 왜 그들에게는 불가능했을까 하는 생각을 해보았다.

오죽했으면 성모마리아가 직접 나타났을까? 그들 앞에 놓인 현실이 안타까워 막아보려 했지만 기어이 일이 벌어지고 모두가 피를 보고서야 겨우 정신을 차리다니 인간의 어리석음에 얼마나 마음 아팠을까? 이들을 불쌍히 여기시어 또 다시 자비를 베풀어 주기를 간절히 기도드렸다. 미천한 인간의 힘과 능력으로는 어쩔 수 없기에 전지전능한 힘에 기대어 간구하며 위로받았다. 이래서 종교가 사람에게 힘이 되나보다. 나도 어쩔 수 없는 상황 앞에서는 인간의 미약함보다는 더 큰 전능한 힘에 의탁하지 않을 수 없었다.

착잡한 마음을 달래기 위해 찾은 폭포수와 강변유원지의 고급식당, 신나게 놀고 휴식을 취하는 사람들 속에서 망각이라는 마약이자 치유를 위한 처방전을 찾을 수 있었다. 아름다운 자연과 물속에서 휴식을 취하며 산 사람은 살아야 하지만 잊지는 말아야 할 것이다. 그래야 그런 비극을 되풀이하지 않을 테니까. 전쟁의 피비린내와 포탄자국이 남아 있는 모스타르에서 어릴 적 뉴스로만 전해 듣던 발칸반도에서의 비극을 되새기며 이런 야만성이 이 세상 어디에도 다시는 없기를 간절히 온 정신을 모아 기도 드렸다.

내 마음의 성소

이 나이까지 살아오면서 갈급했던 것 중 하나는 내 마음 자리 또는 중심을 찾는 것이었다. 그래서 성장 과정 동안에는 타인에 의지해 보기도 하고 이러저러한 노력들을 해 보았다. 그러나 결론적으로 도달한 것은 결국 내 속의 바른 마음자리와 중심을 찾는 일은 외부조건이나 타인에 의지해서 될 일이 아니라 바로 내 속, 내 존재 안에서 이루어져야 한다는 것이었다. 결국 우리 존재가 머무를 수 있는 가장 안전한 곳은 내 가슴 속이며 내 존재의 근원과 연결되는 일이라 여겨진다.

사람이 물질적 존재 그 이상이라는 사실은 우리 모두가 경험적으로 잘 알고 있다. 그 이상의 측면을 심리학적으로는 양심, 자아이상 아니면 영혼이라는 말로 표현하고 종교적인 측면에서는 영험한 존재로 신성이나 불성으로 이야기한다. 이러한 인간의 영적 측면과 연결된 삶에 대한 경험은 우선 내 안의 영혼이 깃든 곳인, 소위 말하는 성소와 연결됨으로써 근원 또는 신과의 합일이 이루어질 수 있게 된다.

김영랑 시인은 내 마음 어딘가에 강물이 흐른다고 했다. 개인적인 경험으로는 머리 또는 가슴 쪽 어딘가에 샘물이 흐르는 것 같은 느낌이 언제나 있어왔다. 이 마르지 않는 샘의 비밀이 드러나면서부터 내 삶에 새로운 전환점을 맞게 되었다. 이 샘에서 처음에는 막힌 우물을 치는 것처럼 흙탕물이 흘렀지만 이제는 맑은 생명수가 흐르고 있다는 느낌이 든다. 그래서 이 샘물을 통해서 나와 근원과의 연결이 이루어지며 이곳이 내 안의 성소로 내 존재의 고요한 정점이 되고 있다. 이 성소가 내 존재의 핵심으로, 그곳에서 지혜와 사랑이 넘쳐나며 깊은 이해와 용서 그리고 영감이 차오르게 된다. 이렇게 나의 의식에 전달된 생명수는 나를 통해서 세상으로 퍼져 나가서 세상의 정화와 창조가 이루어지게 된다. 사람들은 이곳이 막혀 있거나 아직 정화되지 않아 그곳이 바로 본인 존재의 성소라는 사실을 알지 못하는 경우도 많다. 그래서 외부에 존재하는 성소를 찾기도 한다. 그러나 조금만 관심과 노력을 기울이게 되면 누구나 쉽게 찾아낼 수 있게 된다.

내 존재의 의미와 가치는 이곳에서 나오며 이곳과의 연결을 통해서 더 큰 근원과의 합일이 가능해진다. 나에게 전해지는 맑은 샘물은 근원에서 유래하며 이렇게 작은 지류들이 모두 모여 더 큰 영적 바다로 이어지게 된다. 우리 존재의 바탕인 자신 속의 성소에서 벗어나거나 잊어버리게 되면 어디로 튈지 모르는 럭비공과 같이 좌충우돌하며 세상과의 갈등과 충돌 속에서 살아가는 것이 아니라 바람 따라서 굴러다니게 될 것이다.

인간이 신의 형상대로 만들어졌기에 지음 받은 대로 살아가기 위한 방향타가 내재해 있으며 길라잡이가 이곳에서 제공되고 있다. 살아 있는 생명체는 모두 이러한 경험을 무의식적으로 하고 있다. 그러나 의식적인 선택으로 근원의 소리에 귀 기울이게 되면 더 깊은 변화가 자연스럽게 나타날 수 있을 것이다. 이런 법칙에 대한 무의식적인 기억이 그나마 남아 있기에 일이 꼬이거나 어려워지면 고요히 가슴의 소리에 귀 기울여 보게 되고 세속적인 잡음과 소음으로부터 자신을 멀리하며 비워내고 양심과 가슴의 소리를 듣기 위해 노력하게 된다. 모든 생명체에 주어진 이런 능력에 의해서 철새는 방향을 알게 되고 제비도 안전한 곳에 집을 짓게 된다. 하물며 인간이라는 영물에게는 다른 생명체보다 더 큰 능력과 지혜가 제공되고 있다는 생각이 든다.

이런 자신 속의 성소를 찾아내고 연결되기 위해서는 삶에 대한 불만과 갈등에서 벗어나서 있는 그대로의 현실에 대한 수용과 감사가 먼저 일어나야 한다. 감사함으로 우리 의식이 채워지게 되면 그동안 나를 붙잡고 있던 많은 것들을 놓아버리고 풀어버림으로써 영혼의 고요와 평화를 회복하게 된다. 이렇게 비워지고 편안한 분위기 속에서 근원으로부터 흘러나오는 소리를 알아차리며 의식과 무의식으로 귀 기울이게 된다. 소위 말하는 영적 세례를 통해서 우리 의식이 정화되고 그래서 의식적인 정화가 이루어지게 되면 생명의 강인 내 속의 성소로 돌아와서 그곳에 머물며 자유롭게 들이키게 된다. 그럼으로써 그곳에 거하는 다른 사람들과 연결을 이루게 되며 내가 이 땅에서 할 일들을 해 나갈 수 있게 될 것이다.

이렇게 근원으로부터 제공되는 무한공급과의 의식적인 연결은 내 존재의 구심점으로 본래 지음 받은 모습으로 살아가게 만드는 원동력이 된다. 그럼으로써 이렇게 살아가는 사람들과의 연결이 이루어지며 더 큰 지성소와의 연결이 가능해진다. 이런 더 큰 지성소는 인간이 만들 수 있는 것이 아니지만 내 속에 있는 성소를 발견하고 존재의 구심점으로 받아들이는 일은 내가 먼저 회복해야 하는 것으로 존재의 선택이자 기본이다. 내 존재의 성소 안에서 위안을 얻고 치유가 일어나는 것은 물론이며 나의 가치와 존재 의미도 그곳으로부터 나오게 된다. 내가 근원과의 관계 속에서 나답게 살게 되며 내 존재의 비밀이 드러나고 그래서 사명을 다하게 될 것이다.

우리 존재가 살아가면서 온전하게 머무를 수 있는 곳은 우리 가슴 속의 성소뿐이다. 다른 사람에게 가슴을 열어보지만 실망하거나 배신당하는 경우가 많다. 그러나 내 가슴 속의 성소는 항상 그곳에 존재하며 열려 있다. 각자 자신의 성소에 머무를 수 있는 사람들이 만나게 되면 이야기는 달라진다. 서로를 더 확장시키며 서로의 성장을 돕게 된다. 내 존재의 성소를 가꾸고 돌보는 일이 나에게 주어진 첫 번째 책임이며 가장 중요한 일이기에 이보다 더 귀하고 중요한 일은 없다.

이처럼 근본을 찾아서 가꾸는 대신 잡다한 세속적인 무엇으로 그 자리를 대치하려는 시도는 결국 실패하게 된다. 왜냐하면 그곳은 존재의 본질에서 나오며 그 어떤 무엇과도 바꿀 수 없는 것이기 때문이다. 우리 가슴 속의 성소도 인류의 기억들과 경험들로 인해 오염될 수 있기에 매일매일의 정화작업을 통해서 돌보고 가꾸어야 한다. 그래야 생명수와 같은 맑은 물이 흐르게 될 것이다. 조금의 노력에 의해서도 이런 성소와의 연결은 언제나 누구에게나 가능하며 무의식적으로 이미 성소를 경험해 오고 있다. 그러나 이제는 의식적이고 선택적으로 그곳을 찾고 정화해 나가려는 노력이 필요하다. 그럼으로써 내 존재가 정화되고 인류의 의식에 새로운 흐름이 생겨날 수 있게 된다. 그리고 그렇게 살아가는 사람들과의 교류를 통해서 더 확장된 경험들을 나누게 될 것이다.

저/자/약/력

최선화

신라대학교 사회복지학과 교수

저서로는 『사회복지사와 함께한 변화』, 『풀어쓴 사회복지실천기술론』, 『가슴의 치유』, 『일상으로서의 사회복지실천과 상담』 등이 있다.

E-mail : swchoi@silla.ac.kr

사회복지상담과 일상의 치유

| **저자** | 최선화

| **1판 1쇄** | 발행 2019년 12월 10일

| **발행인** | 김동훈
| **펴낸곳** | 공동체

| **주소** | 경기도 고양시 일산동구 호수로 358-39, 동문타워 1차 905호(백석동)
| **전화** | 031)920-8305(대표)
| **팩스** | 031)920-8308
| **전자우편** | compub@naver.com
| **출판등록** | 2005년 10월 6일
| **등록번호** | 제396-2005-36호

| **ISBN** | 979-11-6105-534-3
정가 15,000원